新装版

ユダヤと日本

謎の古代史

M・トケィヤー 著
箱崎 総一 訳

Judea and Japan
Mystery
of
Ancient history

古い昔のことを語るまえに

――まえがきに代えて――

私はこれからユダヤの古い話、シルクロードの話、古い日本の話を語ろうと思うが、その前になぜこのような話をするのかということを知っていただくために、ユダヤ人の間で語り伝えられてきた一つの寓話をお話ししたいと思う。

それは十七世紀ごろの話である。当時のヨーロッパにすんでいたユダヤ人の神秘思想家たちは、ハシディズムと呼ばれる宗派に属していた。

ハシディズムの創始者であるバル・シム・トウは、彼自身に引き続いて起こる困難な出来事に悩んでいた。そこで彼は、これらの問題の深部に潜む核心について考えるために、東の方へ旅行し、広い平原で瞑想にふけるための火を燃やした。そうして彼は、この瞑想によって深い知恵を得て、困難を克服し、成功することができた。

彼の次の世代になったとき、彼らもまた数多くの困難に遭遇した。そこで彼らも、自分たちの師が訪れたのと同じ場所に行って、同じように火を燃やして瞑想にふけろうとしたが、師がおこしたのと同じような火を燃やすことはできなかった。しかし、彼らもまた瞑想にふけり、人生の困難を乗り越え、成功を収めることができた。

その次の世代になって、また彼らは数々の困難と出会った。彼らもまた、同じ場所へ行って、瞑想にふけろうとしたが、火のおこし方も瞑想のお祈りもとなえることができなかった。しかし、それでもなお、その場所へ行ったというだけで、彼らは人生の困難を克服し、成功を収めることができた。

その次の世代は、困難に出あった時、祈りの場所へ行こうとしたが、それがどこだか見つけることができなかった。もちろん、火のおこし方も瞑想のお祈りもできなかった。

つまり、彼らは何もできなかったのだが、ただ一つだけできることがあった。それは先祖たちの行なったことを話し合うことだったのである。彼らが昔の人たちのことを話し合った時、彼らはそのことによってさまざまな人生の困難な問題から解放されたのである。

以上のお話は、ユダヤ人の小学校において児童たちに語りつがれてきた寓話である。これは、過去を記憶することがいかに重要であるかを示す説話であるが、現在のわれわれにもこの譬《たと》えは重要な意味をもっている。

現代のわれわれは、本書で述べるような古代のユダヤ絹商人たちが訪れたシルクロードのあるところへ行くことはできない。また、古代のユダヤ人の大旅行者が行なったのと同じような旅行をすることもできない。

しかし、われわれはこれらの過去の偉大な人々のことを話し合うことができる。もし、われわれが過去について話し合うならば、何らかの意味での成功を収めることができるはずである。われわれの語りあった話は、やがてだれかが聞き、それについての研究がなされるだろう。そして、何らかの事実が発見されるだろう。

しかし、もしわれわれが何も語り合わなかったならば、すべてのものは失なわれてしまうであろう。

日本人とユダヤ人が遠い過去にシルクロードをへだてて出会ったのではないか、ということについての確実な証拠は何もないかもしれないが、少なくとも、われわれはそれについて語り合うだけの価値はもっているのである。

ラビ・M・トケィヤー

（訳者注：本書はラビ・トケィヤーと訳者とが英語で対談したものからの翻訳である。本文中の〔　〕の発言は、訳者のものである。）

新装版　ユダヤと日本　謎の古代史　目次

目　次

四　八咫鏡《やたのかがみ》をめぐる論争……（一〇七）

目　次

一　発端・シルクロード

(問題の書『日本古代史の縮図』のあるページ)

現代の日本では、日本国の起源に関する古代史の謎がブームになっている。日本民族と日本文化の起源は神秘のヴェールにつつまれている。そこでさまざまな歴史上の大胆な仮説や憶測が生み出されることになった。

こうした日本古代史の謎を解く鍵の一つとして、日本文化＝ユダヤ起源説がある。明治維新のころ日本にやって来た一外国人の指摘したこととは何だったのか。まず、このへんのことから語ろう。

絹の商人

〔私はあなたと『ユダヤ　知恵の宝石箱』（産業能率大学出版部刊）でユダヤ人と日本人の間には大変よく似た面があることや、ユダヤ人が古代においては大旅行者であり、かつ商人であったという話を聞いて大変興味をひかれた。

　そこで今度は、ユダヤ人のあまり知られていない歴史や日本の古代との関係などについての話を聞きたいと思う。〕

ユダヤ人が紀元前のはるか昔から大旅行者兼商人であったことは、前の本でも述べたが、その中心舞台となったのはシルクロードである。

なぜかといえば、この道を旅した絹の商人は、すべてユダヤ人だったからである。

ユダヤ人がまだバビロニア地方に住んでいた紀元前の時代に、ユダヤ人たちはシルクロードの開拓者としてシナから絹を運び、織物として加工し、それを染色した特殊技術者でもあったのだ。

　シルクロードは、シナから中近東を経て、ヨーロッパへ絹を運ぶ古代のハイウェイであったということもできる。

　古代においては、そのハイウェイを往来するのは、完全にユダヤ商人によって独占されていたのである。

シルクロードを通ったユダヤ商人たちの記録については、歴史的な年代ごとに調べる必要がある。

たとえば、二千五百年以前、千年以前というようにである。私は今手許に、約千年前のシルクロードを通ったユダヤの絹商人についての一冊の資料を持っている。それには千百年前、ユダヤの絹商人がインド、チベット、およびシナへ旅行した歴史的事実について述べられている。その目的は何か、その経路は、そしてその長途にわたる旅行の動機は何だったのか、などについて詳しく調査されている。

古代旅行者の心境

〔あなたが大学時代に書いた論文も、そのようなユダヤの旅行者についてのものだったのだろうか。〕

私は、ユダヤの大旅行者たちの旅行の動機について調査してみた。未知の国へ旅行するユダヤ人の心理についてである。そこにどんな目的があったのか、そして、どのようなことを彼らは成し遂げたのであろうか、ということである。

現在の私の目から見れば、その論文は幼稚なものである。当時、私はアメリカ以外の国を知らず、図書館で調べた資料だけを頼りにしてその論文を書きあげたからである。

私は、その論文で、ユダヤ人たちが未知の国へ大旅行した目的は、地上の天国を求めることにあったのだと、結論した。その地方の人たちと文化をわかち合い、平和に暮らすことができる土地を見つけることが、その大旅行の目的だったのである。

古代アッシリア帝国の圧迫のもとで、あるいは古代バビロニア帝国の圧迫のもとで、古代ユダヤ人たちはこのような大旅行を何度となく企てたのである。

その後、ローマ帝国の圧迫、キリスト教会による圧迫、回教徒たちによる弾圧がわれわれユダヤ民族の上にふりかかってきた。

そこで、われわれの祖先たちが考えたことは、強制的に改宗をせまる圧迫のない土地を求めること、虐殺の行なわれない居住地を探すこと、どこに地上のシャングリラがあるのだろうか、どこに楽園が存在するだろうか、ということであった。

そこでユダヤ人たちは、世界各地に旅行したが、どこにもそのような土地は発見できず、彼らの旅行はますます遠距離にわたるようになった。

このような幾多の経験から発見されたことは、アジアの奥地深くに行けば行くほど、そこの人たちはより寛容であるということだった。より理解しあえる広い心があった。

ヨーロッパのキリスト教徒たちは、クリスチャンでないものを愛することはできず、憎しみがあるだけだったが、インドに行けばヒンズー教はユダヤ人に対しては何らの迫害も加えることがないということがわかった。

この関係は、回教圏においても同様であった。回教徒は、その敵を彼らの剣で切り倒したが、ユダヤ人たちに対してその宗教をとやかくいうことはなかった。

シルクロードを東へ行くほど、寛容度が深まり、平和な土地が出現してくるのであった。そこでは、友好的な雰囲気さえ感じられたのである。

このようにより東方へ行くほど平和があったが、しかしユダヤ民族にとってはその魂のふるさとであるイエルサレムとの連絡を欠くことはなかった。

そこで古代ユダヤ民族の行なったことは、教師やメッセンジャーをアジアの中央にあるユダヤ人居住区へ送り、ほぼ一年か二年滞在させたのち、ヨーロッパへ呼び戻すという方法であった。

私の母の語ってくれた私の祖先たちのあるものは、おそらくこうした遠隔地に居住するユダヤ人集団に対するサービスとして、その居住区へ短期間滞在する教師の一人であったらしい。サービスを終えたのち、絹の道の都市ブハラにある家庭に帰って来たのであった。

なぜなら、アジアの遠隔地にいるユダヤ人集団は、ユダヤ文明と生活の主流からはるかに離れた場所にいたので、そのような接触が不可欠のものであったからである。

絹の道は何本もあった

歴史的に明白な資料によれば、インドにおける最も古い言葉が、旧約聖書に記載されていると報告されている。

それはヘブライ語であり、ソロモン王の時代、つまり三千年以上も昔にユダヤ民族は、強力な海軍を保有していて、インドにまで航海していたことは、ほぼ確実に推定されるのである（このことはあとで詳しく述べたい）。

そのユダヤ海軍の一部は、そのままインドに居住することになったので、インドにおけるユダヤ人の歴史は、優に二千年の時間を凌駕するのである。

〔旧約聖書によれば、ソロモン王はその海軍をレバノンへ送り、神殿の建築のためにレバノンの杉を輸入したと記述されているが。〕

ソロモン王は、この海軍によって当時の世界における最も優秀な建築技師を集め、ソロモン王の神殿の建築に従事させたのである。

ソロモン王は南方に、つまり現在のアフリカ地方に銅の鉱山を持っていて、そこから銅を輸入したことが明らかになっている。

このような歴史的事実から見て、彼の海軍はアフリカを一周してインド洋に至り、インドまで到達したことはほぼ確実なのである。

〔ユダヤ民族のロマンチックな夢がシルクロードによって引き起こされるということは、われわれ日本人にとっても興味深いことである。なぜならば、シルクロードというイメージは、われわれ日本人にとっても非常にロマンチックな響きを持つからである。

絹の道についての多くの現代日本文学が存在するし、歴史的、また考古学的な研究も活発に行なわれている。ここに一つの共通点を見い出すことができるように思う。〕

たくさんの人たちが話しあっていること、伝説の伝えること、民謡の語り伝えることなどの中には、必ず何ほどかの真実が含まれているものである。

多分、そのすべては真実でないかもしれないし、その多くはロマンチックな夢想によって歪曲されているかもしれない。そのような意味からもユダヤの伝承にまつわるシルクロードの物語は、もう一度考えなおしてみる必要がある。

ここで注意しておきたいことは、絹の道はシルクロードではなく、シルクローズであるということだ。つまり、それはただ一本の道ではなかったということである。現在知られているところによれば、絹の道は四つの大きな経路に分類される。それは、北へ向かう道、南へ向かう道、海上の道などである。

つまり、絹の道は、中央アジアからシナに至る広大な領域を覆いつくすものであったと考えてもよい。

これらの経路を経て、古代ユダヤ人たちはヨーロッパへアラビア数字をもたらしたのであり、米やアプリコット、シナモン、白檀の木、ソファ、ペルシア・ジュウタン、お菓子などを運んだのである。もちろん、絹は最も重要な交易商品であった。

当時の古代、および中世初期のユダヤ人たちは多くの言葉を話すことができる唯一の民族であり、そのためにユダヤ人は平均的なヨーロッパ人たちよりもはるかにすぐれた知的能力を持っていたといえる。

そのような特性を利用して、異なる文化や宗教や国家の間を縫う遠距離な通商路をはるばるとヨーロッパへ向けて、このような品物を運ぶことができたのであった。このような意味からも、交易と大旅行には、ユダヤ人が最も適していたのである。

ある英国人の指摘

〔あなたの行なったそのような研究は非常に興味深い。

このシルクロードに関する話は、また（五章）詳しくうかがうことにして、ユダヤ人と日本人が大変よく似ているという点についてお聞きしたい。

『ユダヤ　知恵の宝石箱』の中で、多くの外国人が最初に日本を訪れたとき、非ユダヤ人はなかなか日本人を理解しないが、ユダヤ人だけは大変親近感を覚えるという話があった。だが昔からそうだったのだろうか。」

ペリー提督によって日本が開国に踏みきる前、オランダ人は長崎の出島に通商拠点を持っていたが、それは日本全体には大きな影響を及ぼすことはなかった。三百年もの鎖国のあとで、日本が開国を決定し、東京や横浜にドイツ人、フランス人、イギリス人などが訪れたとき、これらの外国人たちが一様に感じたことは、日本人たちのもっている一種独得の文化と、日本人の特徴ある行動様式についてであった。それはシナの、または朝鮮の文化とも全く異質なもののように思われた。

そこで、これらの外国人たちが考えたことは、遠い昔に失なわれたユダヤ人たちが、この島国に住みついていたのかもしれないということであった。

もちろん、これらの外国人たちはユダヤ民族と特別に友好的な関係にあった人たちであるとはいいがたい。

さらに、歴史的な史実に示されている数千年の過去にユダヤ人たちの失なわれた種族がこの島国に住みついてしまったという可能性を否定することはできなかったのである。

ここで一人の男を紹介したい。彼はマックレオド（N. McLEOD）といい、今から約百十年ほど前、明治維新の初期に横浜に来日した。彼はスコットランド人で、学者ではなく一般の商人であったが、日本の歴史を調べ、各地で行なわれる祭式を調べ、食物、衣服、その他さまざまの伝統的な行事について『日本古代史の縮図』（Ancient History of Japan）という本を横浜で印刷し、刊行した。この本の中でマックレオドは、日本人だけがその他の東洋民族とは全く異なった文化や行動様式をもっており、それがどうしておこったかということは説明がつかないと述べている。

ただし、二千五百年の昔に、ユダヤ人の十二種族のうちの大部分である十種族が、東方世界に追放されたという聖書の記述に従って、もしこれらの古代ユダヤ人が日本に住みついたとすれば、日本で行なわれている説明のつかないさまざまの行動様式や祭式のあり方などが、よく理解できるということを述べたのであった。

このように考えると、古代のユダヤの習慣は、現代の日本にも生き残っていると考えることも可能となってくるのである。

〔マックレオドの『日本古代史の縮図』は、現在では非常に入手困難な本であろうと思うが、あなたはその本を読んだことがあるのか。〕

この本は、一八七五年に横浜において刊行されたものであって、幸運にも私は神田神保町の古書店を経て入手することができた。これは本文の印刷された一冊と、もう一冊の図版が収録されている部分から成る二巻本である。

この付図には、日本人の服装と対比して古代ユダヤ人の服装が描かれ、日本人の髪の形と古代ユダヤ民族のそれとが比較されて描かれている。その他、古代ユダヤの祭式と当時の日本の祭式が比較されており、多くの類似点が発見できると述べられている。

本文もまた、私にとっては非常に興味深い内容を含んでいた。はじめ、このマックレオドの本が、西欧社会の読者によって読まれたとき、そのほとんどの反応は拒絶であった。

しかし、例外としてユダヤ人の読者は、この本を真剣に受けとめて読んだのである。その中には、ユダヤ人の学者も含まれており、一九〇一年に刊行された『ユダヤ大百科事典』（英文、ニューヨーク版）およびその後に発行された『ユニバーサル・ユダヤ百科事典』にもこの本からの引用文が採録されているほどである。

当時のユダヤ人学者によって、このマックレオドの本（著者は非ユダヤ人であった）は徹底的に検討され、学問的にも分析されたのであった。当時のユダヤ人学者たちの研究によって、この説は肯定も否定もされなかったが、一つの貴重な研究資料として将来のより詳細な学問的研究に待つという目的にしたがって、百科事典に採録されたのである。

〔当時のユダヤ人学者の研究によってもマックレオドの本に述べられた日本人＝ユダヤ人説は否定することができなかった、という事実は非常に興味深い。〕

特にマックレオドは、キリスト教徒であり、非ユダヤ人であったということも、彼の述べた事実が客観的な立場によって述べられたということの証拠になるはずである。

英文の『ユダヤ百科事典』における失なわれたユダヤの十種族の項目は、すべて日本人とユダヤ人の関係についての記述で満たされているのである。

シルクロードの始発と終着点の類似

〔日本のほとんどの読者は、このマックレオドの本について知らないだろうから、もう少し詳しく話していただきたい。〕

この本は、印刷後百年程経つが、初版のみで再版されたことはなかったので、現在では極端に入手が困難である。

国会図書館にこの本は収蔵されているが、国会図書館においても本文の書かれた一冊が保存されているにすぎない。

この本のはじめで、マックレオドは日本の古代史について述べている。当然、マックレオドは日本語が読めなかったので、彼の歴史的理解は表面的なものにとどまらざるを得なかった。しかし、この本は外国人がはじめて日本歴史を学ぼうとするときには、適当な読物であることは疑いない。

続いて、彼は非常に深刻な問題である日本民族の起源について筆をすすめている。彼は京都の祇園《ぎおん》祭りを訪れ、日本人の神官の着る衣服と古代ユダヤ人の僧侶が着た衣服との間に数数の共通点を発見している。古代ユダヤ人の僧侶が着た真っ白でフサのついたドレスは、日本の神官のそれと全く同じものである。また、祇園（ギオン）という名前はシオン（ユダヤの地）がなまったものであろうと想定した。

このようにして、マックレオドは、日本の食事習慣、日本の日常生活についてまで観察し、多くの日本人はその理由を知ることなしに一つの伝統としてさまざまなユダヤ的な行事を行なっているという指摘をしたのであった。

マックレオドは、旧約聖書に見られるさまざまなことがらが、明治維新直後の日本人の生活全般にわたって認められることを報告したのである。

彼の指摘した最も重要な点は、これらの類似点は、シルクロードの端であるイスラエルともう一つの端である日本にのみ発見されており、その中間地点にあたる中近東地方、または中央アジア地方には、全く存在しないという点に注意を喚起していることである。

〔百年前に日本を訪れたキリスト教信者であるマックレオドは、日本と古代ユダヤとの間の類似点を発見したが、現代の日本を訪れるユダヤ人のビジネスマンたちは、羽田空港で、またはその第一夜を過ごす東京で、一体何を感じとるのだろうか。〕

現在でも、日本を訪れる非ユダヤ外国人は、その第一印象は非常に混乱したものである。多くの外国人は、東京を訪れてフラストレーションを感ずるのが普通である。それは単に日本語がわからないというだけでなく、日本人の性格的特性と彼らのそれとが全く異質なものであるからだろう。

現代の日本を訪れるユダヤ人は、日本人の服装や行動からマックレオドが発見したような共通点を何も発見することはできない。たとえ、神社の神殿の構造が古代ユダヤのそれと似ていようとも、神官たちの着ている衣装が古代ユダヤのそれと類似していようとも、一般にそれらは無視されてしまうのが普通である。

しかし、人間的なレベルにおいては、日本人とユダヤ人は非常に深く理解し合うことが可能である。この二つの異なった心理的特性は、非常によく適応することができる。

さまざまな類似点

〔マックレオドの話は非常に興味深い。もう少し詳しく話してくれないか。〕

マックレオドはユダヤ人ではなく、一般のビジネスマンとして来日したのである。彼は東洋の風俗を見たいと思っていたので日本全国を非常に詳細に旅行して回った。彼はまた、朝鮮と中国も旅行した。そしてその後彼は、日本と朝鮮についての本を書いて、西欧社会の読者にそれを読ませようとした。

それには、文化、言語、経済、エチケット、衣服などについて書かれている。当時、西洋人たちは日本のことについて何も知らなかったので、すべてについて報告しようと思ったわけである。

また、日本の国内で千年間にわたってどんなことが行なわれたかについても報告しようと思ったのである。

そして彼はそうした報告の中で彼の指摘した点は、日本人の行なうさまざまな奇妙な習慣は、多くの西洋人たちにとって気づかれてはいないが、非常にユダヤ的な習慣を持っているということであった。

彼は旧約聖書を詳しく勉強していたので、古代ユダヤ人の風俗習慣についてよく知っていた。だから、彼はその本の中で、日本人こそユダヤの失なわれた十種族と深い関係を持っているものであると述べたのである。また、ユダヤの最も純粋な血統が、日本人の中に保たれていると信じたのである。

考古学者たちが日本の古い天皇の御陵を発掘する許可を求めたとき、また日本の古い神社の地下を発掘する許可を求めようとした時、その許可は却下され、この考古学的計画は実現を見ないままで終わったのである。しかし、マックレオドは、もしこのような天皇陵に対する考古学的な研究が行なわれるならば、どの学者をも納得させるだけの確実な証拠が発掘されるだろうと、その本の中で予言しているのである。

また、彼は神社の構造を調べ、日本の神社の構造は二つに分かれていて、拝殿と奥の殿に分かれているということを指摘している。これは古代ユダヤの神殿において、一般信者の入る場所と、至聖所と呼ばれる場所とに分かれている構造と全く同じ類似点を持つという指摘をしている。

このように日本の神社の構造について、ヨーロッパ人たちはだれも理解していなかったが、古代ユダヤ人たちはいつもこのような神社構造を持っているということを指摘しているのである。

また、日本の神社の神官が白い下袴を着けていることも、ちょうど古代ユダヤの神殿の僧侶たちが着けていたものと全く同じだということも報告している。この点について、マックレオドの観察は正しかったのである。

また、その年にとれた初めての果実や収穫物を神社に供えるという日本の神社の習慣は、古代ユダヤ教において、ユダヤ人たちが行なったのと全く同じ宗教的行事であるとも指摘している。この点についても彼は正しい。

さらに、日本の神社の神官はお祓いをする。この木の枝でお祓いをするという習慣は、古代ユダヤの僧侶がヒソップと呼ぶ木を用いて、清めの儀式を行なったのと全く似ているという点についても正しい。

彼はまた、〝灯心〟という言葉にも注目している。灯心にともした光はいつでも消さないで、神社の中に保たれている。古代ユダヤの神殿にも、〝永遠の灯〟と呼ばれるものがあって、その火は決して消されることがない。

現在においても、どのユダヤ教会（シナゴーグ）に行っても、二十四時間燃え続けている灯を発見することができるのである。また、古代ユダヤ人たちが作った天幕の中にも、絶対に消えない灯が燃え続けていたのである。

また、日本の古い楽器である琴の形と、古代ユダヤ人たちが用いた楽器とは、全く同じ形をしているという指摘も行なっている。これもまた事実である。これは、古代ユダヤの神殿において演じられた楽器と同じような形をしているのである。

また、頭の毛をそり落とすという日本の習慣も、古代ユダヤの宗教においては時々行なわれていた習慣であった。

また、日本人が神様へお賽銭《さいせん》をささげるという習慣も、古代ユダヤの神殿において全く同じように認められていた習慣であることをマックレオドは指摘している。

祇園祭りと旧約聖書

彼は京都をも訪れた。そして祇園祭りを見たとき、非常に深い印象を受けたのである。たとえばその祇園祭りで、人々は木の枝を持って歩いていた。これは竹や柳の枝を含むものであった。これはユダヤの祭礼スコット(SUKKOT)のときの風習と非常に類似したものであった。そのスコットの祭りでは、ユダヤ人はたくさんの木の枝を持ち、また、農業の収穫物を持ってその行列に参加する風習があった。これは秋に行なわれるユダヤの収穫の祭りである。

実際、ユダヤの祭礼においても、柳の枝やさまざまの、日本の榊《さかき》のようなものが用いられることも事実である。このようなユダヤの祭りの風俗と全く同じような行事が、祇園祭りにおいても見られたのである。また、祇園祭りで使われる香炉も、古代ユダヤの神殿で用いられた香炉と同じものであるということを観察したのである。

彼が祇園祭りを見たとき、それはちょうど旧約聖書に書かれたさまざまな物語を再現した風景であるというふうに理解されたのであった。また、この祭りの行列の中で、七本の腕を持った道具を持ち歩いていた人たちも見た。これは、ユダヤの七本の腕を持つ燭台（メノラ）と同じものであることを発見したのである。

また、日本文化においては、十二という数字が、いろいろな場面において用いられているということも見つけた。天皇は十二人のお妃を持ち、京都の御所には十二の門があり、また宮城には十二の飾りつけがあり、神社の祭りでは十二本の棒がゆわえつけられていた。また、祇園祭りでは十二個のまさかりが持ち運ばれていた。これらの十二という数字は、マックレオドにとって、ユダヤの十二種族を直ちに連想せしめたのであった。

また、マックレオドは、古い日本の神社には、牛の彫刻が立っていることを見つけている。彼はそれを九州地方で見ている。これは古代ユダヤ民族が行なった異教の偶像崇拝の名残りかもしれないと考えたのである。ユダヤ人は、かつて黄金の牛を作った。このような、非常に古代に属するユダヤ人の行なった偶像崇拝の名残りが、日本においても認められたのではないかと考えたのである。これはバール（Baal）偶像神のことである。

われわれは毎日ユダヤ教会堂において、ショウ・ブレッドと称する一種のパンを供えるが、これは日本の神社におけるおそなえ餅《もち》と非常に似たもので、このパンは酵母を使わないで作られるものである。

また、ユダヤ教会堂の入り口には、手と口を洗う場所がある。これもまた、日本の神社における水屋《みずや》と似ている。また、日本の神社と同じような香炉も備えつけられている。そして彼は日本の神社において白と赤の色彩がたくさん用いられていることも注目していた。

また、彼は祇園祭りにおいてソロモン王がシバの女王から贈りものを受け取ったという、旧約聖書の物語に出てくるような、同じ場面をそこに見つけたと述べている。牛車を引いていく状態を見て、これはユダヤ人の移民の状況を示しているものだとも解釈している。

マックレオドは日本の古い絵の中にあるさまざまな行進の風景が、ちょうど古代ユダヤ人がさまざまの土地を放浪していたときの行進の状況と、よく似ているということも指摘している。また、古代ユダヤの墓地のありさまと、日本の天皇陵のそれとがよく似た形をしているということも指摘している。

日本の侍の着ける衣服は、中近東における古代王子たちの服装とよく似ているという点も注目していたのである。おそらく侍の服装は、中近東地方、ことにアッシリア地方から来たのかもしれないと彼は考えたのである。そのアッシリア地方とは、古代ユダヤの民族が追放を受けた土地だったのである。

マックレオドの考えによれば、ユダヤの民は日本に到着するまで十八ヵ月間以上にわたる旅行をして、そのときたくさんの羊の群を連れてきたのだと考えた。この点については、最近の研究もあるそうである。

朝鮮半島からやって来たユダヤ人？

〔最近私は『日本民族秘史』という川瀬勇という人の書いた本を読んだが、その中で彼は、イスラエルで飼われている寒羊《カンヤン》と、中国にある寒羊がその特有な太いしっぽの形がよく似ているということを指摘している。だから、いまあなたが述べたマックレオドが、古代ユダヤ人が日本に移住するとき羊を連れてきたということの一つの間接的な証明となる最近の出版物があることをここで申し添えておきたい。〕

おそらく遠くへ旅行するときは、ユダヤ人は必ず羊の群を伴っていったことであろう。旧約聖書の時代に伝染病がはやったとき、人々は病気を治すために井戸の水の中にヘビを投げ入れるという習慣があったことは旧約聖書にも述べられているところである。これは日本の神話に書かれている八岐大蛇《やまたのおろち》の伝説とよく似ていると彼は考えている。また、日本の祭りでおみこしの前で人々が踊りをするということは、古代ユダヤの民が、その移動可能な神殿を自分たちの肩にかついで移動したとき、ユダヤ人たちはその神殿の前で踊りを踊った、ということと全くよく似ていると述べている。

また、日本の農地に見られる階段状のたんぼ、水田のありさまは、古代ユダヤ人たちが、同じように山の頂にまで階段状の畑を作って農耕作業を行なっていたのと全く同じ関係にあると指摘している。

これがマックレオドの書いた『日本古代史の縮図』という本に述べられたことの内容なのである。

マックレオドは、また朝鮮について書いた本も出版していると述べたが、それには、古代ユダヤ人が中央アジアを通って日本にまで移住したとき、おそらく朝鮮を経由したであろうということを述べている。そのような関係で、彼は朝鮮においてもまた少しばかりのユダヤ的な習慣と、ユダヤ的な考え方が存在しているということを見つけ出している。

たとえば、ユダヤ語の名前に近い朝鮮人の名前や、朝鮮の祭りには多少ユダヤ的な文化の影響があるということである。そこでマックレオドは、非常に強力な古代ユダヤ人の移住の波が日本列島を訪れたのであると結論づけているわけである。そして少数のユダヤ人たちは、朝鮮にもそのまま住みつくようになったのであろうと考えているのである。

このマックレオドの出版物に関する一般的な評価はあまりよくない。たとえば、ある批評家はマックレオドについて、彼は偉大な想像力の持ち主であるという評価を下している。学

『日本古代史の縮図』二冊（上）
とそれを開いたところ（下）

者たちは、マックレオドの書いたすべてについて、必ずしも深い信頼をおいているわけではない。マックレオドをアルコール中毒者という人もある。マックレオド自身の性格は、当時の人たちの記録によれば非常に変わった性格の持ち主であったということである。

　現在の立場から考えれば、マックレオドはこの本を書くにあたって、おそらく彼自身、内心にひそんでいた彼自身の願望を、一つの夢として書き著わしたのかもしれないのである。

　つまり、彼の抱いた願望というのはユダヤ人を世界各地において発見したいという願望であったかもしれない。おそらく彼は、世界中にユダヤ人が存在しているということを発見できれば、それは新しい救世主が近いうちにこの世に現われることを意味しているというふうに希望していたのかもしれない。

　また、マックレオド自身、イギリス人が失なわれたユダヤの十種族の子孫であると考えたかったのかもしれない。このような考え方はマックレオドだけに限らず、多くのイギリス人たちが同じように考えていることである。

しかし、非常に興味深いことは、日本文化と日本の歴史について非常に注意深い目を向け、それに何らかのユダヤ的傾向が含まれているということを発見したのが、この人物だったということである。そこで、当時出版された『ユダヤ百科辞典』は、このマックレオドの説を全面的に採用し、彼の出版物からさし絵を引用してこの百科辞典に掲載しているのである。また、別の『ユニバーサル百科辞典』と呼ぶユダヤの百科辞典にも、日本の項目にこのマックレオドの説が圧縮された形で掲載されているのである。

だから、結論としては、当時の世界中のだれしもが、マックレオドの説を読もうとしなかったが、ユダヤ人だけがこのマックレオドの出版物を真剣に受け止めたのである。日本人すらもこのマックレオドの本については完全な無視をしていたので、現在では立証できないが、しかし、マックレオドがその出版物において述べたことには、何らかの真実が含まれているかもしれない。なぜならば、この奇妙な国、日本を訪れる外国人はすべて、この孤絶した国の風習について驚くが、ユダヤ人だけは全く日本人の習慣を理解できるからである。

だから、心情的にはユダヤ人は日本人と非常に近いものを持っていると感じ取っているのである。だから、現在まで書かれた世界歴史には全く書かれていない何かが、日本人とユダヤ人の間に存在するかもしれないというロマンチックな夢が、ユダヤ人の心にはひそんでいるのである。これは神秘的な歴史の謎といえるかもしれない。

二　古代日本史の謎

—ユダヤ文化の影響？—

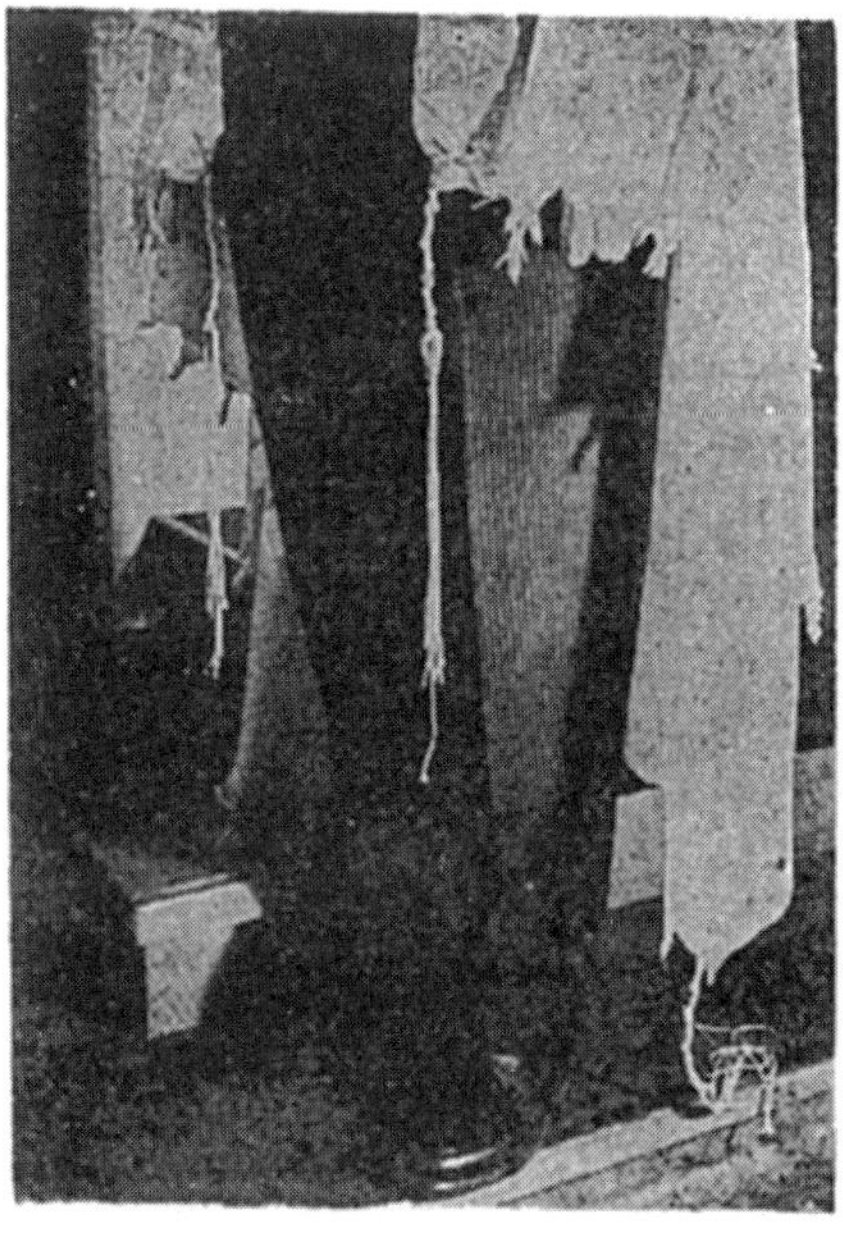

（古代ユダヤ神殿でも使われた僧侶の衣）

日本古代史の謎について直接に学問的な究明を行なおうとする時、そこに横たわるのは何千年という長い時間の壁である。

しかし、現在でも残っている日本人の風俗習慣とユダヤ民族のそれとの間には奇妙にも多くの類似点を認めることができた。

これは、たとえてみれば一つの文化史的な状況証拠とも言えるかもしれない。それは確証ではないが今後の学問的研究によって解明されるべきテーマであるのではなかろうか。

塩の話・古代ユダヤと日本の習慣

〔マックレオドは、いろいろなユダヤと日本との間にある類似点を指摘したが、ここではそれをもっと掘り下げて話し合ってみたい。日本文化の中にみられるユダヤ的要素とでも言っていいようなものは、さがせばもっと見つかるようにも思う。

たとえば、日本においては塩は汚れを清めるものである。しかしなぜ塩が清浄さを意味するかということはわからない。いろいろな儀式の際に塩をまくことで、日本人はその場所を清めたと信じている。国技館で行なわれる相撲も取組む前にお互いの力士は塩をまいて土俵を清めるならわしがある。また、料理屋へいけば、客の来る前に小さな塩の山を作って入口を清めておくというならわしがある。

また、日本人は葬式に行ったあとで、穢れを除くために自分の身体に塩を掛けるという風習も一般的である。このような塩と清浄さの関係について、何か古代ユダヤ文化においても同じ習慣があったと聞いているが、あなたの意見はどうだろうか。〕

日本の大臣がイスラエルの首都を訪れたようなとき、イスラエルの国家の重要メンバーは、日本の大臣を歓迎するために、そのしるしとして彼に塩と一個のパンを与えるならわしがある。このような尊敬すべき訪問者には、一つかみの塩を与えるという習慣は、古代ユダヤの歴史において昔から認められた伝統なのである。

古代ユダヤの神殿において、また、砂漠の中に建てられた移動性の神殿である天幕の中に、もしもユダヤ人たちが何か神への贈りものを持ってくるときは、必ず塩を添えてくるのが律法に定められた規則である。神にささげる動物の犠牲は、必ず塩漬けにしておく必要があった。古代ユダヤの神殿の中の一つの部屋は、必ず塩で満たされていた。

このようなユダヤ人の持っていた考え方は、パンまたはブドー酒、もしくはミルクだけを持ち運ぶと、それらは時間がたつとともに発酵を起こして腐ってしまうのに反して、塩はものを保存させる性質があることを知っていた、という事実のなかにひそんでいる。

塩はものを保存させる作用がある。つまり、命を長引かせる作用を持っているという考え方である。塩を用いることで命を生きながらえさせるのである。

祭壇に持ち込まれたすべてのものは、塩を添えて神に供えることによって、長持ちさせられたのであった。

旧約聖書の『民数記』の中に、次のような記録が認められる。

十九章二十九節に、〝塩の契約〟ということが述べられている。そこには汚れを清めるためのさまざまな律法のおきてが述べられている。これらが俗に〝塩の契約〟と呼ばれているものなのである。

ヨルダン川の水が汚れたときは、それを清浄にしなければならない。そのために塩が川に投げ込まれるのである。そのために用いられた塩は、神殿に作られた特別の塩の部屋から持ってきたものなのである。

ユダヤ人が肉を食べるときは、その肉を清めなければならない。これは肉を塩漬けにすることなのである。塩によって肉の中の血液は除かれ、肉が清められるからである。だから、塩は清浄さを約束し、ものごとを保存することを意味し、永遠な命を意味していたのである。

みそぎの習慣

多くの外国人たちが日本へ旅行にやってきて、羽田空港に降り立つ。そして、日本の国技である相撲を見に行ったとしよう。その時、キリスト教徒たちは羽田に着いた時から全く混乱した異和感を抱いているだろうが、ユダヤ人の旅行者に限っては、何か家に戻ってきたような親近感があり、国技館で見る相撲の力士が行なう塩を土俵にまく動作にも奇妙さを感じないのである。ユダヤ人であれば、その意味は即座に理解できるからである。ユダヤ人の家庭では、母親が同じようなことをして家の中を清めていたからである。

ユダヤ人の家庭ではコーシャと呼ばれる清浄を保った食事が行なわれるので、常に大量の塩が保存されている。だから、何か汚れたものがあれば、ユダヤの婦人は必ず塩を用いてそれを清める習慣がある。

ユダヤ人は相撲の力士たちを見たことはないが、取り組みの前に塩をまいて土俵を清めるという考え方そのものは、ユダヤ人にとっては決して異質なものではないのである。

また、ユダヤ人の旅行者が日本の公衆浴場へ行ったとする。そうすれば、そのユダヤ人は日本人が浴槽に入る前に、流しで身体を洗っているのを見て、全く自分たちの習慣と同じだということを発見して気持がリラックスするのである。ヨーロッパの社会においては、ユダヤ人を除いてだれもこのような習慣を持っていないからである。

入浴の習慣は、ただ単に身体を洗うということではなくて、身を清めるという精神的な意味を持っていることが理解できるからである。

〔江戸時代の日本人は、毎朝歯をみがくとき、指に塩をつけて歯をみがくという習慣があった。古代ユダヤ民族においては、そのような習慣はなかったのだろうか。〕

その話を聞いて、私は一つ思い出すことがある。

私がユダヤ人学校にいたときの話である。それは戦時中のことであった。学校の先生がわれわれに教えてくれたのは、「もしもあなた方は歯みがき粉がないときは、塩水を用いてうがいをしなさい。その方が歯みがき粉を用いるよりもずっといいのだ」というふうにわれわれに教えてくれたことである。

しかし、日本における歯みがきに塩を使った習慣と、ユダヤ人が歯をみがくとき塩水を使っていたという習慣との間には、お互いに関係があるということは、必ずしも立証できることではないと思う。

〔さまざまな機会に塩を用いる習慣は、日本社会でもユダヤ文化の中でも行なわれていた。その背後にひそむ考え方も、清浄さを保つという点で両者の一致が認められるように思う。これは非常に興味深い類似点であると思う。〕

ユダヤ人は、腐るものは何も古代ユダヤの神殿に持ち込むことはできなかったのである。そこで、常に塩を添えて神殿に供えたのであった。

〔このような類似点は、ここではっきりと記録しておく必要がある。それが果たして記録にも残っていない古代において、二つの異なった文化が接触したかどうかの関係は、将来学者によって詳細に研究されるだろうからである。

ここでわれわれがぜひともしておくべきことは、このような類似点があるということを、はっきりと発言しておくということであると思う。〕

護符《メズザ》とお守り

〔さて、塩に関する類似点のほかにも何か似かよったものはないだろうか。〕

旧約聖書外典には、ユダヤ人の兵士たちが呪文を書いた護符を身につけていたことが述べられている。これはユダヤでは禁止されたもので、ヘブライ語でアミュレットと呼ばれるものであり、これは幸運を祈る日本のお守りのようなものである。

古代ユダヤの低級な一般民衆は、こうしたお守りを用いることが非常に多かったのである。このようなお守りを使うという、日本に数多く認められる習慣も、古代ユダヤの民間伝承としては一般的であったということも、また興味深い類似点である。

護符に書かれたユダヤの文句〝アブラ・カダブラ〟という言葉が何を意味しているかというと、文字による魔術の力ということである。なぜ文字がそんな力強い魔力を秘めているのであろうか。どうして〝アブラ・カダブラ〟というアルファベットの組み合せが災いを防ぐ作用を持っているのだろうか。これはユダヤの神秘思想の本である『ゾハール』の中に書かれていることである。これはまた、日本の言霊《ことだま》という考え方の中にも同じような考え方が見られる不思議な類似点である。

〔現在でも東北地方へ行けば、どの農家もたくさんのお守りを家の入り口や神棚のわきや、台所に張りつけているのが普通である。これは古代ユダヤ人たちの行なったアミュレット使用の習慣と非常に類似したものであると考えることができよう。〕

ユダヤ人は、どの家庭の入り口にもメズザと呼ぶお守り札を張りつけておく。これは一種の神秘的な魔よけである。

現在でもメズザは多くのユダヤ人家庭で用いられており、これは羊の皮で作られた薄い紙であり、それには旧約聖書からの言葉が書きつけられている。このヘブライ語のメズザとい

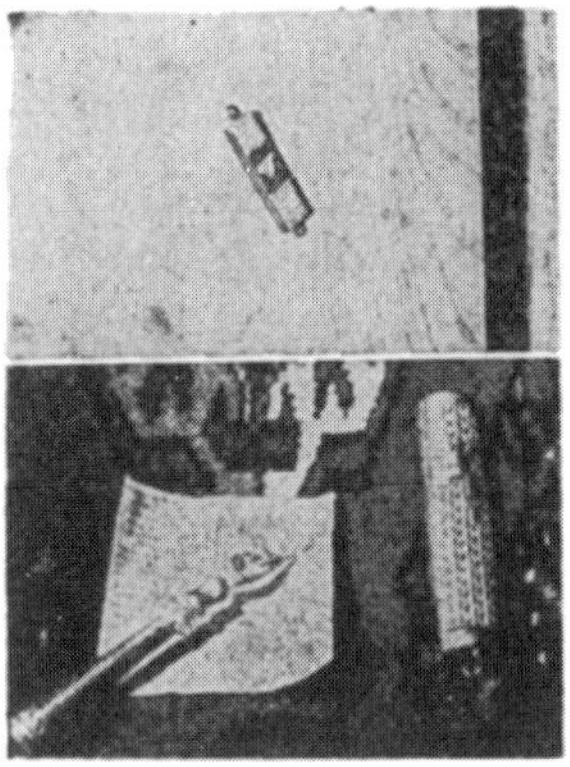

壁にはりつけられたメズザ(上)と、その拡大写真（下）、紙には聖書の一節が書かれている

う言葉は、〝玄関のドア〟という意味である。だから、ユダヤ人の家の入り口の右の方には、二行に分けられた文字の書きつけられた小さな羊皮紙が張りつけられているのである。これはキリスト教徒においては絶対に発見できない習慣である。東京の私の事務所には、そのメズザがたくさんある。

〔旧約聖書には、数多くの部分で偶像崇拝が禁じられているが、このようなお守り札の使用の習慣も、また禁止されているはずであるが。〕

確かにそのとおりである。しかしこの無害な習慣は、現在でも多くのユダヤ人によって行なわれているものである。

〔日本人にとって成田山のお守りは非常に一般的なものである。学校に通う小学生のほとんどは、お守り袋を腰に下げて交通事故の防止をしようと考えている。自家用車族もその運転席にお守りを下げており、最近では飛行機事故を特別に防止するお守りを売り出す神社まであるとも聞いている。〕

お守りをつける習慣は、正統的なユダヤ学者によっては、いつの時代もそれは迷信であるということで禁止されていた。われわれは神に対しての深い信頼がある限り、たった一枚の紙に書かれた魔力に頼ってはいけないのである。つまり、たった一枚の紙切れで万能の神をコントロールすることはできないのである。

しかし、われわれユダヤの民衆は、常に何かを信じたがっているので、この魔術を含んだ一枚の守り札を信ずる迷信的傾向は存在している。

ここでちょっと思い出すのは、日本にも牛の像をあがめる宗派があるが、これは古代ユダヤ人たちの周辺に住んだ人たちの行なった古い偶像崇拝と非常によく似ていることである。当時黄金で作られた牛の像が崇拝されていた。また、イスラエルの神殿の北の部分には、黄金の二つの牛の像が祭られていたことも事実である。これがなぜ牛でなければならないのか、おそらくこれは子孫繁栄の印であったろうし、ユダヤ民族の周辺に住む人たちの偶像崇拝からの影響によるものであったろう。

これはバール崇拝と呼ばれているものであり、基本的には正統的なユダヤ教には属していない異教的習慣なのであった。ユダヤ教の学者たちは、常にこれに反対していたが、民衆はそれを信じていたのである。一般民衆は成功や、子供が多く生まれることや、農作物がたくさんとれることを深く望んでいたので、こうした迷信を信じたのである。

〔ユダヤの歴史を見ると、ユダヤ民衆の持つ数多くの迷信は、権威者たちによって排斥されたが、またしばらくするとユダヤ人たちはさまざまの迷信を信ずるようになった。つまり、ユダヤ民衆は迷信的であったと考えることができるだろうか。

たとえば、『屋根の上のヴァイオリン弾き』という有名な映画に出てくるユダヤの民衆たちも、非常に迷信的に振舞っている。」

人間はだれでも迷信的な傾向を持っている。迷信は常に何か説明のできない出来事が発生したときに起こってくる。しかし、一般的にいって、ユダヤ人はそれほど迷信深い民族とはいえない。一般のユダヤ人は理性的であり、理性的であれば非迷信的になるからである。教育を受ければ受けるほど非迷信的になる。なぜかといえば、教育を受けることによって多くのことがよりよく説明可能になるからである。

ユダヤ人は、自動車は悪魔の発明したものだとは言っていない。しかし教育のない人たちは、どうしてそれが動き回るのか説明できないので、エンジンの中のガソリンが爆発してエネルギーが発生するという原理がわからないとき、彼らはそれを何か迷信的な仕方で説明しようとする。しかし教育があればそのような必要はない。

アメリカのキリスト教徒たちのほとんどは、自分の運転する自動車の運転席に十字架をぶらさげるという習慣を持っている。しかし、一般のユダヤ人はこのような習慣をあまり持っていない。ユダヤ人のお守りであるメズザは、旧約聖書にも書かれているので、それには歴史的な背景がある。メズザを使用するのは、必ずしも迷信的なしきたりではなく、自分の家庭を温い家庭にしたいという念願からだけである。ユダヤのお守りであるメズザは、もちろん迷信的にも使用することが可能だが、非迷信的に使用することも可能なのである。

赤い神殿と朱《あか》い神社

〔ユダヤの祭礼で最も重要なものは、過ぎ越しの祭りである。この過ぎ越しの祭りは、悪魔がすべてのものを滅ぼし去るので、ユダヤ人だけはその家の入り口に血で赤い印をつけておけば、その破壊の魔力から免れることができるというのが、この祭りの始まりであった。つまり、このような旧約聖書に述べられた事柄も、またメズザのようなお守りの習慣が古代ユダヤの社会にあったということの、間接的な証明になるのではないか。

過ぎ越しの祭りのときユダヤ人の家庭は赤い印をつけられた。日本の神社もまた朱《あか》い色で塗られているものが多い。特に古い神社はそうである。鳥居もまた朱く塗られるのが普通である。そこに何かユダヤの過ぎ越しの祭りとの間に類似点が認められるようにも感じられるが。〕

私も同じように感じている。古代ユダヤの民は、天幕を作っていた。それはユダヤ民族がイスラエルの地に到着する以前においても行なわれていたのである。この古代ユダヤ人によって作られた移動可能な神社の内部は、常に赤い色で覆われていたのである。つまり、そ

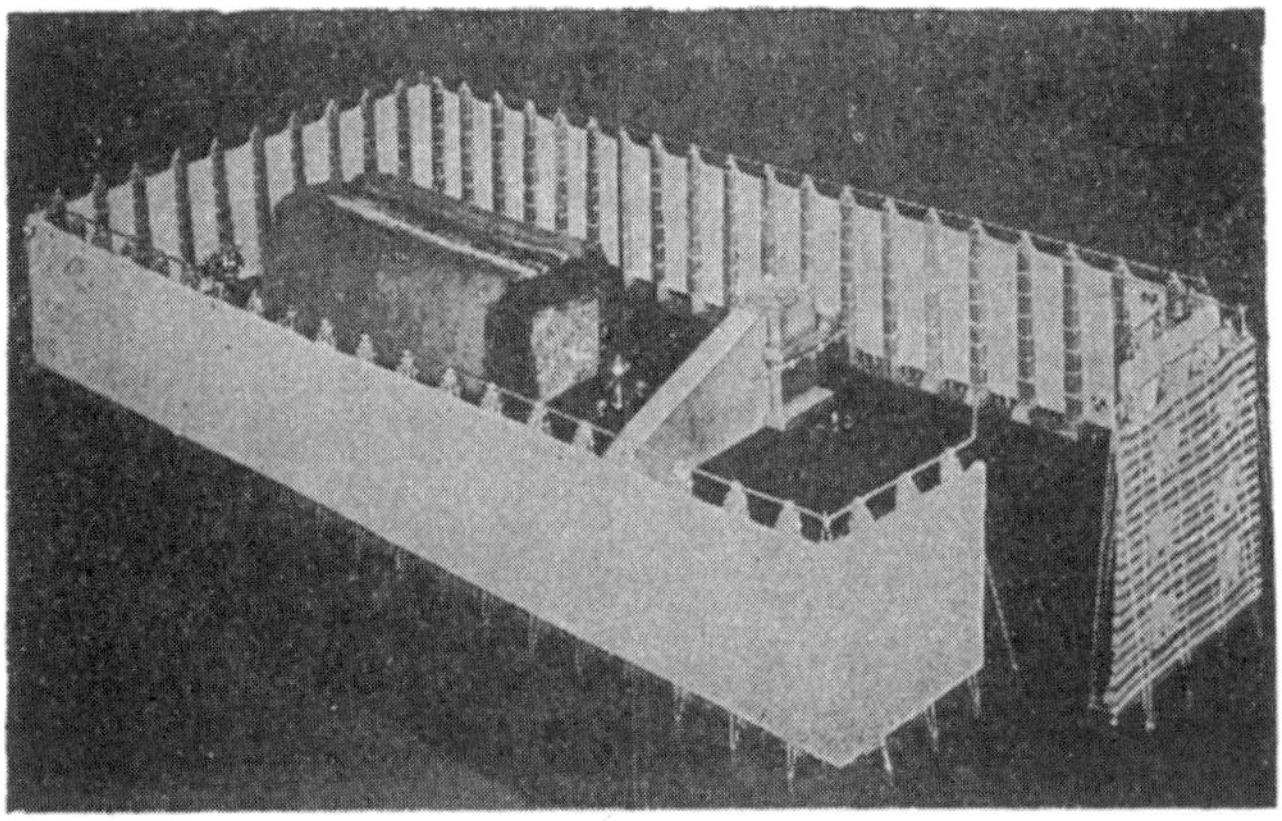

古代ユダヤの神殿構造(復元図)

こにも神社が赤いということと、古代ユダヤの神殿の内部が赤かったということとの間の類似点が発見できるのである。

古代日本で、ユダヤ的な影響のあったと思われる京都の太秦《うずまさ》には、赤い色の神社が見られる。つまり、ここにユダヤと日本の類似点が発見できると指摘する人も存在している。赤というのはあなたを守る魔よけの印であり、古代のユダヤの習慣を記憶させるための色彩であったという可能性も考えられる。おそらくそれは偶然の一致でなかったのかもしれない。

〔赤い色と紫の色というのは古代ユダヤにおいては何か特別な意味を持つ色彩であったのだろうか。〕

紀元前三千三百年ごろ、ユダヤ人は初めて移動可能な神殿を造り上げた。私はこのユダヤの神殿構造と日本の神社の構造との間に類似点があることを認める。

私は伊勢の皇大神宮と出雲大社の写真を持っている。

この神社の内部の写真を見ると、奥の殿に至る廊下は、斜めに傾いた廊下を登っていくようになっている。このような斜めに登る廊下の構造は、古代ユダヤ神殿においても認められる。

どうしてこのような斜めの廊下を用いたかというと、古代ユダヤの神殿においては、祭壇に登るために、もし階段を用いたならば、僧侶が階段を登っていくとき、下にいる人々はその僧侶がどんな下着を着けているかを見ることができてしまう。これはあまり恰好のよい光景ではない。そのようなことを避けるために、古代ユダヤの神殿の内部では階段を用いず、斜めに登る坂道をつけていたのである。これと似たような構造が伊勢の皇大神宮にも、出雲大社の内部にも認められるのは、非常に興味深いことである。

また、両者とも釘を用いないで造り上げた建物である。そして、色彩についてもここではっきりいえることは、古代ユダヤ神殿の持つ主なる色彩は、赤と紫なのである。

ここでもう一度思い出していただきたいのは、『ユダヤ　知恵の宝石箱』でも述べたように古代ユダヤの染色技術は大変優れており、当時多くの職人がユダヤを訪れてこの技術を習得していったことである。

鏡のもつ意味

〔古代ユダヤ神殿にも、また銅で作られた鏡が存在していたと聞いている。〕

そのとおりである。

この銅製の古代ユダヤの鏡については、非常に興味深いものだが、ユダヤの神殿は消失してしまったので、そのことに関する詳細な記録は残されていない。しかし、ここで確実にいえることは、鏡はユダヤ人においての清浄さを意味していた。これは古代エジプトでユダヤ人たちが奴隷の状態にあった時代、つまり約三千五百年の昔にまでさかのぼることができる。

強力な古代エジプト王国には、ユダヤ人を含めて多くの民族が奴隷となって働いていた。しかし、ただユダヤ人だけが、古代エジプト王国を脱出して、民族としての独自性を保ち得たのは、この鏡と関係がある。

ユダヤの婦人たちは、ユダヤの男たちの自覚を高め、主体性を保たせるために自分たちを美しく飾り、非常に魅力的な状態に保つために、常に鏡を使用していたのである。そのことで古代ユダヤ社会の婦人たちは常に鏡を用いて忘れていたことを思い出し、そして婦人たちの魅力を増し、家族の結合と民族としての希望を保つために使用したのである。

このような歴史的事実を記録に残すために、古代ユダヤ社会においては、婦人たちはあまり高い地位をさずけられてはいなかったが、婦人たちの持つ責任は重く、彼女たちの働きを助けた鏡を記念するために、さらに、ユダヤ家族の清浄さを表現するために、この銅製の鏡はユダヤの天幕（移動可能な神殿）の内部に保存されたのであった。つまり、古代ユダヤの神殿においては、鏡はユダヤの婦人たちの記念として、常に飾られることになっていたのである。

〔日本の神社には必ず銅製の鏡が安置されている。鏡は神聖さを反映するものとして神社の本尊として祭られている。つまり、日本古来の神社には偶像がない。これはユダヤ教と同じく偶像崇拝ではないという点に注目する必要がある。〕

鏡自体を神として存在させるのは偶像崇拝の一つであるから、正統的なユダヤには属していない。しかし、もしユダヤ人が非常に遠隔の地に赴き、そこで完全に他のユダヤ世界から隔絶されてしまったならば、ユダヤ人の思想に変化が生ずるのは当然である。そのようなとき、あるいは鏡が神の代わりとして据えられるようにならないとは言い切れない。つまり、鏡を別な意味で再解釈していたかもしれないのである。また、ユダヤ教に改宗した人たちがその神殿の中の鏡について間違った解釈をしたかもしれない。

さらに、ユダヤの生活の主流からどのくらい長い期間離れていたかということも、そこに関係がある。それが五百年であったのか、千年であったのか、二千年であったのか、が非常に問題となろう。時間はものごとをゆがめてしまうものであり、あまり重要でないものが重要になり、鏡の持つ意義もまた異なった解釈を生むようになるであろう。

〔もしタルムード法の解釈ができるユダヤ学者が存在しなければ、そのような間違った解釈の可能性は大いに存在し得るだろう。〕

そのとおりである。

特に古代日本やシナは、ユダヤの本流からは遠く離れていたので、もしそこに古代ユダヤ人たちがいたとしたら、彼らは非常に隔絶された人たちであったろう。

仏教のように人間である仏様をおがむというような偶像崇拝と比較すれば、日本の神道に見られる鏡を本尊とするのは、あまり偶像崇拝的ではないといえる。特にキリスト教ではキリストという人間の像を崇拝する。回教徒の創始者モハメッドもまた人間である。古代ギリシャやローマ人たちも、また聖なる人間の像を神としてあがめた。これらはユダヤ人に最も近く存在したにもかかわらず、全くユダヤ人に影響を与えなかった考え方である。

古代ユダヤの神殿にも、また聖なる品物が保存されていた。その聖なる品物の中に鏡も含まれていたのである。それがどんなふうにして保存されたかということについては、あとで討論することにしよう。鏡は神聖な品物の中の一つとして考えられていたのである。

〔古代ユダヤの鏡を考古学者たちは発見したのだろうか。〕

いまだに発見していない。おそらく考古学者たちはそれを発見することはできないであろう。なぜかといえば、古代ユダヤの神殿は完全に破壊されてしまったからである。

この神殿の聖なる品物についてのうわさは、おそらく一度カトリックの本山であるバチカンに持ち去られ、その後それらは完全に破壊されてしまったのだろうとも伝えられている。

日本の神官と古代ユダヤ僧侶の衣服

また、日本の神社へ行って気づくことは、日本の神官は袖に長いひもをつけている。私が神官にその理由について尋ねたとき、彼らは単に「それは伝統に従っているにすぎない」と答えてくれた。しかしおもしろいことは、このように袖に房をつけておくというのは、非常に古いユダヤ僧侶の習慣なのであり、それは優に三千年以上もの昔から存在していた古代ユダヤの習慣なのである。衣にひもと房をつけるというのは、それは威厳の印であり、神への尊敬の印でもあり、神を思い出すことのあかしでもあった。これは非常に古いユダヤ的習慣の名残りなのである。

現在の日本の神官がつけている袖口の長いひもは、このユダヤ的習慣とどのような関係にあるのか非常に興味深い点である。われわれユダヤ人が神官の服装を見るたびに、非常に親しみ深い感じを抱くのである。

〔あなたが述べる以前にだれかこの日本の神官の服装と古代ユダヤの僧侶の着た服装との類似性について指摘した学者はいなかったのだろうか。〕

だれもいなかった。日本はここ百年前に、やっと開国した国である。だからだれもそのことについて研究した学者は存在していないのである。だから、こうしたことに関するすべてのことは、日本人自身が感じとってそれに興味を抱いているという範囲にとどまっているのである。現在まで公的な立場でユダヤ人学者がこのような古代ユダヤ文化と、古代日本文化との類似点について比較研究をしたものは存在していなかったのである。

この日本の神宮の服装などに気がついたのは、単に個人の資格として来日したユダヤ人の何人かにすぎないわけである。たとえば明治神宮に行ったユダヤ人とか、観光旅行客として京都を旅行した何人かのユダヤ人が、それを目に止めたにすぎないのである。

だれでもそうした神官の服装は目についたのだが、ユダヤ人だけがその見た印象を深く心の中に印象づけられたのである。ユダヤ人であれば十三歳になったときバーミツバと呼ばれる成人式に臨まなければならない。そこで彼は祈りのためのショールをもらう。その祈りのショールには、全く日本の神官がつけているのと同じようなひもと房がついているのである。現在では四角いきれいに房がつけられているが、古代のユダヤ人たちは祈りのとき着物にひもと房をつけたのである。

〔イスラエルのハイファには日本美術の博物館があると聞いているが、このような日本の神官の衣裳は陳列されていないのか。〕

私はもう少しこのハイファの日本美術館について調べてみなくてはいけないが、彼らは現在では日本文化についての学問的研究は行なっていないはずである。ここは単に収集品を陳列しているだけであり、何らの学問的研究も行なっていない施設である。これは、日本以外における唯一の日本美術品専門の博物館である。ここにも、またユダヤ人と日本人を結びつけている一種形容のできない磁力のような働きを感じるのではないだろうか。

この美術館には、古い日本の伝統の中の衣服、絵、風俗・習慣に関するさまざまの陳列品が並べられている。

〔その美術館に陳列された日本関係の品々は、富裕なユダヤ商人が個人的に収集した品物を単に陳列しているにすぎないのであろうか。〕

全くそのとおりである。これは日本美術の収集品であり、個人によってここに寄贈された品々である。

〔日本の神社の前に立っている狛犬《こまいぬ》が、古代ユダヤの神殿の前に立てられたライオンの像と類似した関係にあるということを指摘する人たちもいる。〕

そのとおりであろうと思う。

〔現代のイスラエルの考古学者たちのうちで、古代ユダヤ文明と日本文化との関係について特別な興味をいだいている学者はいないのか。〕

そのテーマは非常に興味深いものである。しかし、一つの障害は言葉の壁であり、ユダヤ人学者にとって古代日本語は非常にむずかしいものである。現代のユダヤ人考古学者たちは、確実に立証できる証拠にもとずく事実に対して興味を持っている。それで、これらの確認できる資料がない状況で研究をすすめることに対して、彼らはためらっているのである。つまり、原資料がどうしても必要なのである。

吸血鬼リリスと鬼子母神

〔私は現在、手許に慶長十五年勅版の日本書紀をもっている。この日本書紀には、日本に来朝した帰化人たちの歴史について書かれた部分がある。〕

旧約聖書には、リリスという吸血鬼の伝説について書かれている。このリリスは、ユダヤ文化における最も古いユダヤ神話に属するものである。この女の吸血鬼は、日本の伝説の中に出てくる鬼子母神と類似点があると指摘する人がいる。しかし、これは確実な証拠の上に立って述べられた説ではない。

〔タルムードには、このような伝説が多く含まれているのか。〕

旧約聖書は、通常伝説を記載していないが、これに反してタルムードは多くの伝説のためにページをさいている。

〔生後三十日目に赤ん坊を神社に初詣でさせる習慣は、日本とユダヤの両方に見られるものだが。〕

それはユダヤ教においては、子供の贖罪と呼ばれる儀式である。ただし、ユダヤ教におけるこの儀式は、男の子だけに対して行なわれるものである。

〔これらの共通した習慣や類似点から、ユダヤ人と日本人の相互をひきつけあっている磁力の発生の源を知ることができるのではないか。〕

私は東京に住んでいるただ一人のラビとして、ときどき在日外国人からさまざまな意見を求められる。その理由は、在日外国人たちは新聞に報道される事件そのものを読みとることはできるのだが、その背後にある日本人の心理がよくわからない、という点にある。

しかし、私はユダヤ人としてこの国に住んでいると、日本人たちのひきおこすさまざまの事件の動機についてよく理解することができる。

たとえば、前にも述べたが日本人の入浴の習慣などについてもユダヤ人の私にはよくわかるのである。

一般の外国人は風呂の中で石ケンを使うし、そのままよごれたお湯の中に身をひたすが、われわれユダヤ人は決してそのようなことはしない。風呂に入る前に身体を洗い、全部きれいになってから浴槽の中にはいる。これは、日本人の入浴の習慣と全く同じなのである。

この入浴習慣の類似は単なる生活習慣が似ているというだけでなく、宗教的な禊《みそぎ》の観念に近い考え方にもとづくということである。

〔ユダヤ教のそれは神道における禊と似たようなものなのだろうか。〕

その通りである。ヘブライ語でミクバ（MIKVEH）と呼ばれるミソギは、自然水によって身体を清める宗教的な儀式である。これは、雨水とか泉の水などを使わなければならない。しかし、この身を清めるときには、汚れた身体のままミソギの水の中にはいることは禁止されているのである。水にはいるときは、身体をよく洗い清めておかなければならないのであって、これは一種の宗教的な準備行為なのである。

女性は、毎月月経が終った時にこうしたミクバの儀式を行なって身を清めるのである。また、男性は祭りの前にミクバを行ない、祭りをむかえるための心理的な準備をするのである。ユダヤ人以外の民族、特にキリスト教徒たちは、このような習慣については全く理解することができない。だから、日本人の入浴習慣については、ユダヤ人である限り、大変よく理解することができるのである。

このような入浴習慣に限らず、日本人の風俗にみられるさまざまな点が、ユダヤの風俗、習慣と共通した点をもっているので、われわれユダヤ人は、日本人を他の外国人よりもよく理解できるのである。

祭りの行事、家族関係、仲人の習慣などの類似点がきわめて多いのである。

山伏の兜巾《ときん》とヒラクティリー

〔後に詳しく述べたいが、多くの日本の伝説の中には、ユダヤ的な色彩の濃いものが含まれているという指摘がなされている。

たとえば、平安時代や奈良時代には、都に出没する天狗の話がしばしば出てくる。この天狗に関する伝説は、単なる想像にもとづくものではなく、長い鼻をもった赤ら顔の異民族が日本に存在していたことを示唆するものだと指摘する人たちもいる。〕

物語を完全に創作するということは非常に困難なことである。何もないところから伝説が生まれてくるということは普通はありえないことである。多分、伝説によって伝わっているものは、事実をゆがめているだろう。だから、その元となった事実を発見することはむずかしい。しかし、伝説は、何らかの真実の断片を含んでいるのが通例なのである。

〔伊豆の伊東に、仏現寺という寺があり、そこに「天狗の詫証文《わびじょうもん》」という文書が保管されている。それを研究した菊地晩香氏は、天狗も山伏と同様に旅行者の服装をしていること、両者ともその額には兜巾をつけていることなどを指摘している。これは、ユダヤ人の用いるヒラクティリーと呼ばれる旧約聖書の言葉を収めた小さな箱と全く同じようにして使用されている。

さらに、「天狗の鼻もユダヤ式の鉤鼻《かぎばな》であるというおもしろい指摘もしている。」

もし日本にユダヤ人が来ていたとしたならば、それはいくつかの時期に分けて考える必要がある。ある日突然に極東の島国にユダヤ人の集団が現われたと考えるのはおかしい。

アッシリアの時代に東洋を訪れたユダヤ人の集団があった。これは二千七百年以前のことである。その後、バビロニア時代にも、またキリスト教徒の時代になってからもユダヤ人は東洋を訪れたはずである。

そこで彼らの痕跡は失なわれて、ユダヤ民族の主流からは切り離された存在となってしまった。

ソロモン王時代のユダヤ人はもっと原始的な形のユダヤ文化をもつ集団であった。

また、中世紀のシナの二十の都市にいたユダヤの集団の一つが朝鮮半島を経て来日したとすれば、どの時期に属するユダヤ移住者であったかを知る必要がある。山伏がもし変形したユダヤ教徒であったとしたならば、それはどの時代のユダヤ人であったのだろうか。

山伏の兜巾（ときん）

山伏は山岳信仰者であるが、山の頂を聖なる場所とするユダヤ教の考え方は、最も古代のユダヤ教の伝統に属するものである。古代ユダヤ人たちは山を非常に宗教的意味をもって崇拝していた。たとえば、神の十戒はモーゼがシナイ山の山頂で受け取られたものであるし、アブラハムとその息子アイザックは山の頂で偉大な宗教経験を得た。また、そのとき登った山の名前は、〝山の頂であなたは神を知るだろう〟という名前であった。これは実際は、現在のイエルサレムの地点に相当すると考えられている。

そこで、このアブラハムと息子アイザックの経験した宗教的な経験に基づいて、イエルサレムという山の頂に神聖なユダヤ人の都市が建設されたのであった。イスラエルの国内では、この二つの山は非常に有名である。一つは神の祝福を意味し、もう一つは神への信仰を意味しているのである。

つまり、山の概念は、古いユダヤの宗教には多く出現してくる概念なのである。神の真実と知恵は山からさずかるという考え方であった。神聖なる祈りは山の頂で行なうのがユダヤ人の習慣であったが、このことは山伏の行事にも見られることであると思う。

山伏は、また山の頂に祭壇を築いて、そこで神聖なたき火を燃やしたが、そこでたった一つだけ燃えないものがあった。それは神聖なお札であり、これは旧約聖書に書かれているアブラハムが山の頂で祭壇を築き、火を起こしてその息子アイザックを神への犠牲としてささげようとしたとき、息子の命は助かったという故事と全くよく似ているのである。

（仏教研究家辻善之助教授は『日本仏教史』という全十巻にわたる著書を発表しているが、この中で山伏の起源は不明瞭であると述べている。（辻教授のこの著作は日本

学士院賞を受けている。〕

山伏は本地垂迹説にもとづくものであり、神と仏とは同じ起源にもとづくものであるとも説いている。たとえば彼は、

「本地垂迹説は、仏教が日本の国民思想に同化したことを示すものであって、我国民があらゆる外来の文化を吸収し、之を咀嚼し、之を同化する力に富めることを示す多くの例の一つである」

と述べている。〕

たしかに日本の古代史において、かなりの初期から仏教と神道思想の混合が見られたことは事実である。

〔現在の山伏は仏教に属しているが、おそらく彼らは初期においては神道の一派であったと考えることもできよう。〕

私もそうだと思う。天狗や山伏がその額につけていたという兜巾は、非常に古代のユダヤ教の習慣にあるヒラクティリーと大変よく似ている。

そして、興味深いことは、シルクロードのどの地帯をみても、このような習慣はどこにも認められないという事実である。これは、考古学者たちにとってのつきない謎の一つである。

なぜならば、文化的習慣というものは、一つの地域から他の地域へと徐々に浸透して伝わってゆくものだからである。

たとえば、仏教伝来について言えば、インドからセイロンへ、それからインドシナ、チベット、中国、朝鮮、そして日本へ伝わっている。

しかし、この兜巾とヒラクティリーという非常によく似た存在は、シルクロードの西の端と東の端の両端にしか存在しないのである。これは、まるで全くの一人の個人によって、はるばると日本へまで運ばれてきたような感じさえいだかせる。

日本人＝ユダヤ人説

〔山伏についての話は、大変興味深いので詳しく討論してみたい。〕

山伏の起源については、さまざまな説が存在している。この山伏の起源について、ユダヤ文化と日本文化の比較をする人たちもいる。だが、ここで考えなければならないことは、日本人という民族は歴史的に見た場合、必ずしも単一民族ではなかったということである。

日本人の起源の正確なことについてはまだ定説がない現状である。おそらく古代日本人は、あらゆる場所からこの日本列島を訪れたことであったろう。もし日本古代史について深く研究した人がいるならば、そこには記録されない、過去の昔に、日本人としての特徴的な精神構造の中に、時として、それは〝日本教〟とも呼ばれるが、古代ユダヤ人の思想を認める場合があるだろう。

一九二〇年ごろ、日本外務省の文化担当官は、古代日本文化におけるユダヤ歴史との相互関係について、調査を行なったことがあったようである。

そこで、古代社会において日本とユダヤ文化は接触した可能性があるということが推定された。古代の移民が、ユダヤ文化をになってこの日本列島を訪れたという仮定が認められると推定されたのである。しかし、この調査報告は、当時の軍国主義下において公表が禁じられたのである。

私は手許に、日本人KAZUZO博士という人の資料を持っている。この人は一九三〇年ころ、日本の文部省と関係していた人物らしい。彼は日本文化においてのユダヤ文化的特徴を指摘している。

しかし、もしユダヤ的、またはユダヤ文化ということを考えるとき、われわれはどのユダヤ人かということを問題にしなければならない。また、どの時代におけるユダヤ人かということも考えてみなければならない。なぜならば、ユダヤ人は時代とともに多くの変化を遂げているからである。

東洋にはたび重なるユダヤ人の移住があったと思われるが、それは正式に記録されてはいない。たとえば、紀元前七世紀ごろ、紀元前五世紀ごろ、紀元ゼロ年ごろ、古代ローマ帝国時代、すべての時期にわたってシルクロードには各時代のそれぞれに、異なるユダヤ商人が存在し続けていたのであった。

それらのユダヤ人たちは正統派に属するユダヤ人もあったろうし、あるいはユダヤ教へ改宗した者たちもいたろうし、また、非ユダヤ人がユダヤ文化の影響を受けた状態で、ユダヤ文化を伝播したという例もあったはずである。これらの人たちは、あるいはユダヤ教とその思想についての、非常にゆがんだ考え方を東洋へ伝えたかもしれない。また異様な形に変化したユダヤ教を伝えたかもしれない。

ユダヤの歴史を見れば、ユダヤ民族がイスラエルに定着する前、つまり、現在から三千三百年ほど昔に、そのユダヤ人たちはエジプトと対立して、東方世界に移住したと記載されている。これは、モーゼによって神の十戒がユダヤ人たちの間に伝えられる、はるか以前の出来事であった。

このユダヤ人の移住は、ソロモン王によってユダヤが古代王国に統一される以前のことであった。これらは、古代の不思議なユダヤ民族であった。そして、これらのユダヤ人は、ユダヤ文化の主流との接触を完全に失ってしまったのだが、彼らはその民族としての過去を、何らかの形で記憶にとどめるべく、ユダヤ文化の形を持ち続けたのであった。これらは原始的なユダヤ人たちであった。

聖なる山の頂

ユダヤ人が日本の古代文化をながめるとき、一つの側面だけではなく、数多くのユダヤ文化と類似する事柄について発見することが可能なのである。

たとえば神社の構造を見れば、そこにはソロモン王の神殿との類似性を発見できようし、もし、私が山伏の姿を見れば、そこにソロモン王が出現するはるか以前のユダヤ人の風俗を発見できるだろう。なぜ私がそのようなことを語るかといえば、それには理由がある。

古代のユダヤ歴史を見れば、非常に不思議な、神秘的な経験を山の頂において経験したということが物語られている。古代ユダヤ人は山の頂において何か異常な経験をしたのであった。

旧約聖書の詩篇の中には、〝私の目を山の頂に置いてくる〟という詩の表現が見られる。これは山の頂から見える豪壮なながめについて言及しているものであろう。

歴史に残された初めてのユダヤ人はアブラハムである。アブラハムは神によって彼の宗教心をテストされたのである。神に対する忠誠心を確かめるために、アブラハムは息子を連れて山の頂に登ってくるように命じられた。この山の名前は古代ヘブライ語で〝神は山の頂上で見える山〟という意味の名前がつけられていたのである。これは旧約聖書において述べられている事柄である。また、イエルサレムも山の上に築かれた古代都市であった。モーゼもまた、シナイ山の頂において神の十戒を刻んだ石板を受け取ったのである。モーゼは四十日と四十日の夜、山の頂にたたずんでいたと書かれている。これらのすべての考え方は、真実なるもの、また精神的な高みに属するものは、すべて山の頂に存在するものであると考えられていたのであった。だから、聖なる山に赴くことは、ユダヤ人にとっては非常に注意を要した事柄であったのである。

これは最も原始的なユダヤ人における考え方で、あまり文化的に洗練されたユダヤ人の思想には属していない。これは不思議な概念である。

聖書にはさまざまな出来事や、伝承や、ストーリーは書かれていない。当時それを書くに足る十分な羊皮紙が存在しなかったのである。だから、これらの伝承に関する事柄は、口から口へと伝えられたのである。これらは物語として、あるいは劇の形として表現されていたのである。だから、さまざまな道徳的な事柄、教訓的な事柄は、劇の形として表現されていたのである。これは、ちょうど劇場で行なわれる劇のような形で物語られていたのである。

古代のユダヤ社会においての劇場は、レジャーのためのものではなく、むしろ道徳を高める目的を持っていたのである。また、母親から子供に対しての教訓も、そこには含まれていた。それは耳へ語られる言葉であった。なぜかといえば、目で読める本はあまり数多く存在していなかったからである。

もし、現在のユダヤ人が、日本の祭りを見るときには、そこで一体何が行なわれているか、その祭りは単に楽しみだけの目的を持っているとは考えられない。普通のキリスト教徒であったら、おそらく祭りは、単に太鼓をたたいて町の中で騒ぎ回るという意味にしか感じ取れないであろう。しかしユダヤ人は、これは一体どんな意味を持っているのだろうかと考えるのである。

私たちは、日本の祭りでなされている事柄の意味がよくわかるような気がする。なぜなら、同じようなことをユダヤ人たちもやっていたからである。祭りの目的について、ユダヤの祭りと全く同じような目的を持っているであろうことは、ユダヤの歴史を通じて理解することができるのである。

山伏は山の頂で神聖な行事を行なっている。彼らは山に登り、山の頂をながめ、そこに真実なるもの、知恵、神聖なものなどが、山の頂から自分たちの方へ伝わってくることを学んだのである。だから彼らは、山に触れることさえ非常に注意深かったのである。つまり、山自体、聖なる存在であったからである。これは古代ユダヤの劇場において行なわれた物語と全く似た考え方なのである。

モーゼがユダヤの人たちを山に連れていったとき、これらの人たちを清めるために三日間の性的交渉を禁止した。川の水に入って身体を清めさせたのである。そして、これらのユダヤ人たちは山に近づいていったが、決して山に触れることはできなかった。山に登って山の

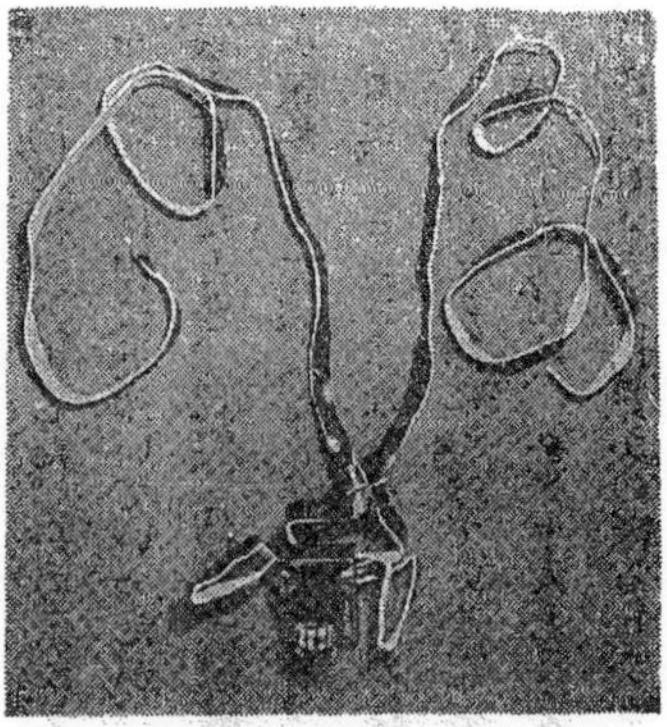

ヒラクティリー

頂を望んだとき、真実と神の意思が山の頂から彼らに望んでくることを感じ取った。これは非常にユダヤ的な概念なのである。

また、さまざまな宗教的なものを身につけるという習慣もユダヤ的なものである。たとえば、山伏がその額につけている兜巾と、古代ユダヤの僧侶たちが額につけたヒラクティリーという小さな箱は、ユダヤ人と日本人以外には全く発見できない習慣である。残念ながら二千年以前より先にさかのぼるヒラクティリーをわれわれは現在持っていない。だから二千年以前のユダヤ人僧侶のつけたヒラクティリーは、どのような形をしていたか、どんなものがその中に入っていたかをここで述べることができないのは残念である。しかし、神聖なる箱を額につけるという考え方は、山伏と古代ユダヤ人との間に共通する事柄であったのである。

〔十八世紀ごろに用いられたロシア系ユダヤ人のヒラクティリーの写真を、私は持っている。〕

ヒラクティリー自体は私自身も現在持っているし、それをときどき使用している。どんなユダヤ人でも毎日ヒラクティリーと呼ぶ聖なる小箱は、祈りのときに自分の額につけて用い

ヒラクティリーを額に
つけたところ（著者）

るのである。
問題は、モーゼが現在われわれが用いているヒラクティリーと同じものを用いたかどうか、それがわからないということである。多くの考古学者たちも、まだ古代のヒラクティリーの遺物を発見していないということである。現在発見されているもので最も古いヒラクティリーは、二千年くらい前のものだということである。

私の持っているヒラクティリーは、山伏が額につけているのと形は違っているが、ここで問題としたいのは神聖なるものを頭につけるという習慣が、日本人とユダヤ人の間に共通して存在しているという事実である。

全世界を見ても、この二つの民族以外、だれもそうした習慣を持っていないということである。これが、古代日本人がユダヤ人から学んだものか、景教徒（ネストリアン）たちから学んだものであるのか、その起源については全くわからないのである。

しかし、山伏の兜巾を見るとき、私にとっては非常に身近な感じがあるということは事実である。これは私の属するユダヤの伝統の一部に存在しているからである。あるいは、この兜巾とヒラクティリーの習慣は単なる偶然の一致であるかもしれない。しかし、何か偶然より以上のものを感ずるのである。これは最も古いユダヤ人の起源と直接に関係しているような習慣であるとも感じ取れるのである。

ほら貝とショーファー

ショーファー

アブラハムとその子アイザックは山へ登っていった。このような旧約聖書の物語と、山に登って神聖な行事を行なう山伏の宗教的行事とは、偶然とはいえないほどの一致点が存在している。また、山伏の祭りの中には、子供を救おうとする一場面が含まれていると聞いている。これはまた、アブラハムが自分の子、アイザックを神の犠牲にささげようとしてそれが救われるという関係と類似点を認めることができる。これは全く同じドラマの脚本からでき上がったものであるとも考えられるわけである。

さらに、山伏の吹くホラ貝の起源はどこにあるかということも、私にとっては非常に深い興味のあることである。なぜかといえば、ユダヤ人が祭りのときに吹く羊の角で作ったショーファーと呼ぶものも、また山と関係のある起源を持っているからである。
これは旧約聖書創世記の第二十二章にその起源について述べられている。話の終わりで次のように述べられている。

「アブラハムは、その子イザクを祭壇のたきぎの上に乗せて神に犠牲としてささげようとしたとき、アブラハムが目を上げて見ると、うしろに角をやぶに掛けている一頭の雄羊がいた。アブラハムは行ってその羊を捕え、それをその子の代わりに燔祭としてささげた。」

そこでユダヤ人は、毎年の正月、ヤギまたは羊の角で作った吹奏器をならして、その正月の祭りを祝うことになったのである。つまり山伏もヒラクティリーをつけ、山の信仰をもち、ホラ貝を吹く、これはまさにアブラハムの物語とほぼ完全に一致するものであるとも考えられるわけである。この山伏の伝説にわれわれユダヤ人は、何か非常に親しいものを感じ取るのである。

〔川瀬勇という農業専門家が書いた、『日本民族秘史』という最近の本の中では、日本は気候的に非常に湿度が高いので羊の生育には適していないと述べている。また、この川瀬氏は、日本の古代文化と古代ユダヤ人の関係について詳細に研究している。

このような理由から、おそらく雄羊の角の代わりに、海で囲まれた日本はほら貝

を用いたのではなかったかという推定も成り立つのではなかろうか。〕

必ずしも雄羊の角だけをショーファーとして用いる必要はなくどこでも入手できる材料でショーファーを作っていいのである。だからショーファーがほら貝に変化するのもまた可能であると考えられる。両方とも同じような音をたてるからである。

現在の一般の日本人は、おそらく山伏の姿を見たこともないだろうし、それが一体どのような起源を持つかということについても知らないに違いない。おそらく山伏は完全なユダヤ人でなかったかもしれないし、山伏自身、彼らがどのような歴史的起源を持っているかについても知らないに違いない。

われわれは、山伏の伝統についてほとんど何も知らないといっていいのである。しかし、彼らの中にあるものは、非常に濃厚なユダヤ的な習慣なのである。

〔兜巾のほかに山伏が身につけるもので、何が一体、古代ユダヤの習慣と共通しているものなのだろうか。〕

身につけるもの、衣料品についての注意深い研究はほとんど行なわれていない。これについて注目したのは、おそらく私自身が初めてのことだろうと考えている。

現在知られている日本の最も古い衣服の形、つまり神代時代の衣服の形は、特に貴族が身につけた衣服は、古代の中近東地方の兵士が身につけていた衣服と良く似ている。これが完全にユダヤ的であるかどうかはわからないが、いずれにせよ、日本国家が創設されたころ、すでにシルクロードを通って中近東と東洋との接触は存在したであろうことは推定可能なのである。

ひずめと足袋《たび》

また、古代社会において使用された日本の武器も、中近東において用いられたものと非常によく似ているのである。

帽子をかぶるという考え方は、非常にユダヤ的なものである。神道の神官が烏帽子《えぼし》をかぶるのも、ユダヤの宗教と類似しているとも考えられる。ユダヤ教においては、世界中どこに行っても宗教的儀式を行なうとき、必ず帽子をかぶるのである。つまりユダヤ教徒の中で帽子をかぶるということは、神への尊敬の念を表わすことになるのである。神道の神官が祭式を行なうとき、烏帽子をかぶるという考え方も、その意味でユダヤ的であるとも考えられるわけである。

また、足袋をはくという習慣も古代ユダヤの習慣と非常によく似ている。

ユダヤ人は常に他の民族とは違うということを、長い間記憶していようとする傾向がある。その意味で、ユダヤ人は他の人たちが食べているあらゆる食事を同じように食べるというわけにはいかないのである。ユダヤ人には、食事に関する特別な律法があるのである。

ユダヤ人が食べる動物は、必ずそのひずめが二つに分かれていなければならない。それは馬のひずめと比べてみればよくわかる。また、二つの胃袋を持っている必要がある。日本の足袋もまたこのユダヤ的な考え方と同様に、二またに分かれている。

ユダヤ人は世界のどの地方に旅行しようとも、食べていいものと悪いものを知っていなければならないから、旅行するとき日本人の足袋のような二またに分かれたものを足にはいて、常にこの足袋を見て、二またに分かれた足を持つ動物を食べてもいいということを思い出したのである。

〔馬のひずめは分かれていないから、ユダヤ人は馬も食べないのだろうか。〕

そのとおりである。ユダヤ人の食事には馬の肉は決して登場してこない。

白いリンネルの生地、つまり、神道の神官の用いる白い衣服は、古代イスラエルの神官の用いた白いリンネルの服と全く同じような形をしている。また、神宮のはく袴《はかま》も、ローブも、前にたらしている布も、胸の前につけている特別な布も、全く同じように古代ユダヤの神官たちが身につけていた衣服と同じものである。古代ユダヤの神官は、十二の宝石をつけた布を常に胸にたらしているのが普通であった。

現在でもユダヤ教では、聖書の抜粋、律法の書を祭りのとき胸につけるが、これはちょうど山伏が巻物の両端にひもをつけて首からつるすのと同じような格好で首から掛けるのである。つまり、胸のあたりに何かを下げるという習慣は、非常に典型的な古代ユダヤの習慣なのである。これらの日本の神官に見られるような古代ユダヤの衣服は、非常に古代に属しており、現在のユダヤ人の衣服の習慣には残っていないのである。

古代ユダヤ人は、旅行するときいつも非常に薄い羊皮紙を用いて、聖書の物語をそこに書き込んでいた。これは現在のヒラクティリーと同じように、額につけておくこともあったし、体の回りに巻きつけて持ち歩くこともあった。

旧約聖書においても、ユダヤの民にとって責任のある王は、必ず律法の書（トーラ）を羊皮紙に書いて持ち運ぶ必要があると述べられている。つまり、王であっても律法の上に存在するものではないということを明記しているのである。

〔古代のユダヤ人たちは、旅行をするとき、いつも足袋をはいていたのだろうか。〕

このことを立証する資料をわれわれはあまり持っていない。しかし、現在のユダヤ人の習慣について物語ってみるのもおもしろいことだと思う。

子供が旅行するとき、ユダヤ人の母親はその子のスーツケースの中にさまざまなものを用意して入れてやるのが普通である。そこには、祈りのために額につけるヒラクティリーを入れておくし、ショールも入れておくし、学校の帽子も入れておく。そうすれば子供が家から離れて何千マイルも旅行しても、家庭について思い出すことができるし、少しばかりのノスタルジーを感ずることになるだろう。

それは完全に家族から離れたという意味にはならない。また、少しばかり幸運を祈るという願望も秘められている。この少年はどこへ行こうとも、常にユダヤ人であることを覚えていることになる。

もし、彼が何かの問題に遭遇するとき、彼はタルムードの抜粋であるミシュナを開いて、そこに解決を見つけることであろう。この基本的関係は、今から三千年前に、この未知の世界を旅行したユダヤ人の習慣と全く同じものなのである。彼らの母親は、やはりいつでもその旅行者たちがユダヤ人の家庭を忘れないようにとの心得を、その子たちに与えたのである。

もしあなたが、ユダヤ人らしく振舞うならば、それは正しいことである。その一つとして、常にユダヤ的な食事を摂ることに心掛けなければならない。そのために、ひずめが二つに分かれた動物を食べる必要がある。そのために彼らの足には二つに分かれた足袋をはかせてそのことを思い出させるように仕向けたのである。

三　日本人＝ユダヤ人説

〈概説〉

(現在のイスラエル)

古代ユダヤの神殿の壁に菊の紋章が残っている。また伊勢の皇大神宮の灯籠にはユダヤ人の印であるダビデの星が刻まれている。偶然の一致といえばそれまでだが、日本とユダヤという二つの文化にはあまりにも多くの類似点がありすぎる。

こうしたことについて、明治以来、さまざまの人が日本人＝ユダヤ人起源説を主張した。本章ではこれらの説を中心に、話を進めてみよう。

祇園とシオン

〔前章にひき続いて、日本の文化・風俗・習慣の中に見い出せるユダヤ的特徴について検討していきたい。前に祇園祭りのことが話題になったが、日本の祭りについてはどうなのだろうか。〕

一般のユダヤ人が、京都の祇園祭りという言葉を聞いたときにすぐに連想することは、祇園とはユダヤの国名の別の呼び名であるシオンの変化したものではないかということである。

〔あなたは、京都に行ってこの祇園祭りを見たことがあるのか。〕

見たことがある。この祇園祭りについてはもう少し徹底的に話を進めたいと思う。まず、私自身が体験した祇園祭りのことについて述べてみたいと思う。

私は家族と一緒に京都へ観光旅行に出かけたことがある。そのとき、八坂神社へ行ってみた。そこには赤く塗られた神社があった。それは古代ユダヤ神殿において見られたのと基本的に同じ色彩であり、それは種族の繁栄を意味する色彩であった。おそらく、こうした考え方の起源は、ソロモン王が神に対する神殿を建て、それを神にささげたころに始まったものであろうと思う。そのときには、ユダヤ民族は偉大な祭りを祝ったのである。

祇園祭りで見られた祈りは、伝染病の予防という点に向けられていたそうである。これはソロモン王が初めて神に神殿を作ってささげたときの祈りが、ユダヤの民に伝染病が起こらないようにと祈ったことと全く一致しているのである。また、日本の神殿には船を宗教的シンボルとして祭っているところがある。それは旧約聖書に物語られた大洪水と、ノアの箱舟に書かれた舟とに非常に関係がありそうにも思える。

また、日本の神社には鳥の形をしたものが飾られている。それはちょうど旧約聖書の中で、ノアの箱舟が洪水の上を漂っていたとき、初めての鳥が飛んできたというときのその鳥と全く同じようなシンボルの意味を持っているのではないかとも考えられる。

さらに、興味深い事実としては、祇園祭りは旧約聖書において大洪水が終わった日付と全く同じ日に始まるお祭りだということである。それは毎年七月に行なわれるのだそうである。祇園祭りでは小さい子供たちがその行列に並んでいる。子供は偉大な将来をもたらすシンボルなのである。ユダヤ民族において子供というものは、将来という意味を含んでいる。

キリスト教の祭りには子供は使わず、神の姿を祭るのが普通である。または祇園祭りではモーゼ山という言葉が用いられているが、これは完全に旧約聖書の中に出てくるモーゼの名前を取ったものとも考えることができる。

また、日本の伝説では、〝蘇民将来〟の伝説が物語られている。これは祭神のことであり、ちょうどアブラハムは百歳になったとき初めて子供が生まれた。これはちょうど蘇民将来の伝説に物語られている内容とよく似ている。また、祇園祭りでは朱の色が用いられているが、この朱はシンとよく似た発音を持っている。

いずれにせよ、ユダヤ人がこの祇園祭りを見たとき、初めて感ずることは〝ギオン〟という名前はユダヤの別名である〝シオン〟ではないかということである。また、その祭り自体が、古代ユダヤ歴史のドラマ化されたものが表現されているように感ずるのである。

これは一九一〇年ころから一九二〇年ころ来日したユダヤ人旅行者の目にも、非常に印象的に残ったらしいお祭りなのである。この人たちは、太秦《うずまさ》を訪れて、そこで直ちにそこにあるユダヤ的な影響を直観したのである。こうしたことについて、これらのユダヤ人たちもまた書いたものを残しているのである。

一九二九年、アメリカ国内で発表されているヘブライ語の新聞〝アメリカン・ヘブリュー〟に、ユダヤ人が一つの論文を寄稿している。これは『ユダヤの親戚としての日本人』というタイトルで書かれている。

一九一〇年から一九二〇年にかけて京都に一人の女性が住んでいた。その人はゴードン夫人（E. A. Gordon）という人であった。

彼女はユダヤ人ではなかったが、ユダヤ人についての深い研究をしていた人である。彼女の指摘した点について述べれば､古代ユダヤの神殿はサイプレスの木で作られていた。また、このサイプレスの木は、日本の神社で使われる檜の木と全く同じものだと彼女は考えたのである。これなども大変興味ある指摘の一つである。

「嘆きの壁」の菊の紋

〔そのほかに何かもっと共通点はないだろうか。〕

大変興味深いものの一つとして菊の紋がある。伊勢の皇大神宮に行けば、菊の御紋が見られる。これは日本の皇室の紋であるわけだが、ところが、興味深いことは、古代ユダヤの神殿の遺跡にもまた、同じような菊の紋が発見されるという事実がある。

しかし、ユダヤ神殿における菊の紋がどのような起源をもつものかについては全く不明である。だが、菊の紋が日本の皇室と神社にある特徴的な紋章であることは事実である。

古代ユダヤにおける菊の紋は、おそらく次に述べる三つの可能性のうちのどれかだろうと考えられている。

第一に菊の紋は、菊の花のデザインであろうということ、第二は太陽をデザイン化したものであるのかもしれないこと、第三は全くの意味もなしに、単なる美しいデザインとしてつくられたのかもしれないということ、である。

古代ユダヤ国家においては、この菊の紋は比較的広く一般化して使用されていたものである。またこれは、三千年以上も昔にさかのぼって使用されていたものである。

この紋様は、古い神殿や宗教の中心地や重要人物の棺の紋様として使用されていた。これは現代イスラエルの考古学者たちによっても数多く発掘されているが、この紋様に関して書かれた記録は、何も発見されていない。

したがって、考古学者たちもそれが果たして菊の紋であるのか、太陽のデザインであるのか、あるいは何の意味ももっていないのか、はたまた、非常に重要な意味が隠されているのか、全く見当もついていない現状なのである。

古代ユダヤの神殿の遺石の菊の紋

しかし、古代ユダヤ社会においてそれが重要なシンボルであったことは、疑いのない事実である。

都市イエルサレムは、世界でもっとも古い都市である。ダビデの時代に、イエルサレムは首都とされたが、それ以前にも多くの人々が住んでいた。三千年も昔から、この都市はユダヤの首都として存在し続けていたのである。

そして、この都市は十メートルもの厚さの城壁によって取り囲まれていたが、バビロニアとローマ人の手によって二度破壊され、再建された。

現在のイエルサレムの一部分は、この古代都市の一部を残している。イエルサレムの旧市街は現在でも城壁で囲まれているが、中世紀にこの城壁が再建されたとき、それは古代の方法に沿って忠実に再建された。現在、注意深くイエルサレムの城壁をながめると、西の部分に西の門があり、この部分は城壁の中でももっとも目立つ場所につくられている。そして、そこには、はっきりと菊の紋が刻まれているのである。この菊の紋は、われわれの見る日本の皇室の御紋とほとんど同じ形をしたものなのである。

〔あなた自身、このイスラエルに残されている紋を実際に見たことがあるのか。〕

私は、昨年の夏、イスラエルの城壁の西の門の前にたたずんで、それをよくこの目でたしかめてきた。

〔そこであなたが感じたことは、どんなことだったか。俗にユダヤ人の「嘆きの壁」と呼ばれる古代ユダヤ王国の城壁の前にあなたは立ってみたのか。〕

「嘆きの壁」という表現は、ユダヤ人の使う言葉ではない。これは、非ユダヤ人たちによって、そう呼ばれてきたにすぎない。われわれユダヤ人は、それを「西の壁」と呼んできた。「嘆きの壁」と呼ばれる部分は、二千年以上の昔に建設されたユダヤ神殿の破壊されなかった部分である。それは、二千年前と同じ場所に立ちつづけている。

男根崇拝

〔菊の紋の他にもまだ類似点があるならば、もっと話してほしい。〕

日本各地を旅行して気がつくことは、日本に見られるさまざまな民間伝承の中に、非常にユダヤ的な特徴が含まれているということである。たとえば、東北地方のいなかに行くと、男根の形をした石像が立てられていて、民衆の尊敬を集めている。

古代ユダヤ人と、そのユダヤ人の周辺に住んでいた人たちは、この日本の民間伝承に見られるような男根崇拝の儀式を行なっていた。そこで古代ユダヤの学者たちは、このような風俗に染まることはいけないと、多くのユダヤ人たちに教訓を垂れていたのである。

この古代ユダヤ人たちの住んでいた中近東地方は、常に水が不足しており、豊穣と子孫の繁栄を求める男根崇拝というのは、非常に一般的に行なわれた宗教的習慣であった。

現代の考古学者たちは、イスラエルの土地を発掘してさまざまなものを発見している。そこでは多くの神像や女神像の石像を発掘している。特に女神像には豊かな乳房がついており、その女性器は誇張されて表現されている。それは聖なる娼婦としての像であり、子孫繁栄を願う原始宗教の名残りである。古代社会においては、娼婦は神殿に属する女性たちであった。そこでは宗教的な売春行為が行なわれていたのである。

また、胸の高さにまで至るほどの大きなペニスの石像も発見されている。日本のいなかで見られるのと全く類似したファリック・シンボル（男根シンボル）が、中近東においても古代社会には非常に一般的だったのである。

宗教的儀式には常に子孫の繁栄と男根崇拝を含んでいたのであった。また、ユダヤ人は常に割礼を受けているので、その男根は露出している。日本においては割礼の儀式がないのにもかかわらず、いなかに見られるようなこれらの石像の男根は、すべて割礼を受けた形に作られているのも不思議な一致点である。問題は日本の民俗的習慣に残っているこれらの男根崇拝が、どれほどの昔にまでさかのぼることが可能かということである。

この割礼を受けた形をしている石の男根は、おそらく記憶された日本の歴史よりも古くて、割礼の儀式は忘れ去られてしまったのかもしれない。

〔東北地方などに見られる石像の男根は、確かに医学的に見てもそれが割礼を受けた形になっていることは事実である。これらはさまざまの民間伝承研究者たちによって、その起源について調査されているが、それがどれほどの過去に属するものかはまだ明瞭になっていないのではないかと思われる。〕

私は、日本人が銭湯に入るとき、おもしろい行動をするということを聞いたことがある。もしその男性の性器が露出されていれば、彼はそのまま隠さないで歩き回るが、もしそれが包まれたままであれば手で隠すということである。このような考え方はどこからきたものであろうか。私にとっては非常に興味深い。

〔青年が包茎であったなら、それは確かに恥ずかしいことであるかもしれない。しかし、このような習慣が古い昔からの考え方によるものであるかどうかについては、

私は何も断言することはできない。〕

これがユダヤ教の割礼と関係があるのかないのか、断定することができないし、想像の域を脱していないものである。しかし、こうしたことが少なくともあり得るということについて話し合うのは、決して無益なことではないと思う。

〔ここで古代ユダヤ宗教において、このような男根崇拝、つまり偶像崇拝は認められていたのかどうかについておききしたい。〕

偶像崇拝は完全に禁じられた行為であった。しかし多くのユダヤ人、特に一般大衆であるユダヤ人たちの中には、迷信を信ずる人たちがいて秘かに行なわれていた習慣であったことも事実であるらしい。その理由として、非ユダヤ人たちによる偶像崇拝の祭りは非常に美しいものであり、ユダヤ人にとって魅力的なものであったからだ。

一般民衆にとっては、ユダヤの神の概念をよく理解することができなかったので、その偶像崇拝の儀式は非常に魅力に富んだものであったのである。ユダヤ人以外の異教徒たちは、無料で自由に買うことのできる神殿の売春婦たちがいたし、美しい大宴会が開かれて、楽しい祭礼がはなばなしく繰り広げられたのである。そのような祭りを横目で見ながら、古代ユダヤ人たちは人間の持つ道徳性について、人間の正直さについて、しかつめらしい話を聞いていたのであった。だから、このような異教徒たちの踊り、歌、ロマンスを伴った祭りは、古代ユダヤ民衆にとって、非常に魅力的であったということは否定できない事実である。

そこで、旧約聖書にはこのような偶像崇拝をしてはいけないということが繰り返し述べられているのである。ということは、一般の民衆が、その偶像崇拝を秘かに行なっていたということの証拠にもなるのである。そうでなければ、それらは完全に無視されたはずだからである。

民謡のはやし言葉はヘブライ語?

〔日本文化の民謡に含まれるはやし言葉がヘブライ語の意味を持つというような研究もあった。そのほか、さまざまな日本文化の遺跡の中に、古代ユダヤ文化の影響があったという研究も日本で行なわれたこともある。しかし、こうしたことについて正式にユダヤ人の立場から、またユダヤ人学者の立場から正確な批判が行なわれたことはなかったのである。

このような点について、ユダヤ教のラビとしての意見を聞いてみたいと思う。〕

日本のキリスト教徒で川守田英二という人がいた。彼はカリフォルニア州に赴いて、キリスト教神学校で教育を受けた。

一九三八年、川守田が帰国してから、日本の地方に見られる民謡のはやし言葉についての研究を始めた。彼は日本民謡を二百三十七個ほど研究し、一九五〇年に上下二冊からなる『日本の民謡におけるヘブライ語の影響』という内容の本を公表したのである。

彼の説によれば、現在使われている日本語の中には、約一千語以上のヘブライ語の単語が含まれているということである。また、彼は『桃太郎』の民話をヘブライ語の話と比較している。これを旧約聖書に書かれたモーゼの物語と類似点があると指摘している。

その他、彼は妙見神社（九州八代地方）に行ったとき、そこの祭礼ではおみこしをかつぐが、そのときはやし言葉を持った民謡を歌うのである。そのはやし言葉は、ヘブライ語の神をたたえる〝ハレルヤ〟と非常に似た発音を持つ言葉であると指摘している。

ここで、私の古代ユダヤ語の専門家としての立場から言えることは、確かに〝ヤ〟という言葉は古代ユダヤ語においても神を表わす言葉であった。現在でもヘブライ語の神を表わす言葉は〝ヤ〟である。

〝ハレルヤ〟の〝ハレル〟は神をたたえる言葉であり、〝ヤ〟は神そのものの意味なのである。ヘブライ語において最も一般的な神の名前が〝ヤ〟なのである。

また、この日本人研究者は『日本書紀』を調べて、その中に、ハタノオツシという人の名前を見つけている。また、伊勢地方には、旧約聖書のミリアムの歌に非常に類似した内容を持つはやし言葉の民謡が歌われていると指摘している。これはユダヤ民族が紅海を渡って古代エジプト軍の追撃から安全に契約の地、イスラエルに戻ったことを祝ったミリアムの祝い歌の内容を、そのまま表現していると指摘しているのである。

彼は、宮崎地方において次のような言葉も発見したと言っている。この地方の労働者たちは、重い材木をかつぐときに、労働歌の中で〝アニヤ、アニヤ〟というはやし言葉をつけ加えているという。これは古代ヘブライ語における〝私は神である〟という意味を持っているというのである。つまり、この宮崎地方の労働者たちが歌う民謡のはやし言葉は、日本人にとっては何の意味も持っていないが、それをヘブライ語として理解すれば、〝私は神である〟という重大な意味を含むことになるというのである。

また彼は、岩手県において発見した民謡には、古代ユダヤ民族が旧約聖書で『出エジプト記』に書かれた内容と全く同じ意味を持つ民謡のはやし言葉を発見したといっている。そのはやし言葉の意味は、〝敵を討ち払って聖なる土地に戻れ〟という、古代ヘブライ語の意味を含んでいるとこの研究者は指摘したのである。

さらに、彼は同じ地方の民謡のはやし言葉の中に、古代ユダヤ民謡の収穫のお祈りに相当する意味を発見したとも報告しているのである。彼は日本の民謡のはやし言葉の中に、古代ヘブライ語で、日本の神武天皇を第一代の王に任命するという意味も含まれているという指摘も行なっている。

これが彼の公表した上下二冊の本に含まれたおおよその内容である。この川守田というキリスト教牧師の研究に対する正式なヘブライ語の学者からの研究は、現在まだ行なわれていないのである。（一二五ページで私の批判を行なってみよう。）

秦氏はユダヤ民族か？

〔さて、このへんで少し核心的な日本人の血の中にはユダヤ人の血が流れているのではないかという説を検討してみたい。

先日、私は最近刊行された『日本の歴史』という本を読んでいた。これは小学館から発行されている歴史書で、『古代豪族』（青木和夫著）という巻を読んでいたら、大変興味深い話にぶつかったのである。

『日本書紀』の皇極記に〝常世《とこよ》の神と秦河勝《はたのかわかつ》〟という話が書かれており、常世の神と言われる大変養虫《かいこ》に似た虫を祭ると富と寿《いのち》がさずかるだろうと世の人々をまどわした大生部多《おおうべのおお》という人物が、秦河勝に打ちすえられたという話である。

著者は、この話について、秦河勝は仏教の篤信者であるから、殴打するなどというのはおかしいし、何よりもこんなつまらない事件に中央の朝廷豪族である秦氏がのり出したというのもおかしいと疑問を提示している。

このように、著者は大変慎重に書いているので何の結論も出していないが、私には一つの想像がすぐ浮かんだ。

大陸からやって来た漢系の秦氏の中心人物が蚕《かいこ》に似た虫を中心として起こった事

件にのり出して、その主謀者をうちすえたというのは、秦氏が蚕と関係ある何かをにぎっていたのではないか。もし、秦氏がシナ系ユダヤ人ならば、絹とそれに関する産業技術者であると推理することができる。

そして、絹とそれに関する技術を独占していた秦河勝は、蚕に似た虫をもてあそんだ人物に対して何らかの権利をもっていたのではないかという考えである。

もし、私の推理が正しければ、秦氏は、完全にシナ系ユダヤ人ということができるのではないだろうか。〕

それは大変興味深い話だ。

しかし、それとは別に私は、一人の興味ある人物について語りたい。

中田という日本人がいた。彼は平凡な中流家庭の息子として日本で生まれ、成長後、アメリカに留学し、キリスト教の神学を学んだ。

彼の習ったキリスト教聖書学はやや初歩的なものであったらしい。そして、彼は非常に原始的なキリスト教徒となった。日本に帰国してから彼は、自分自身を僧正と自称するようになった。つまり、自分のことを中田僧正と呼ぶようになったのである。そしてキリスト教教会を作ったのである。彼は自分の教会を〝聖なる教会〟と命名した。

だが、ここで中田僧正は非常に不思議なことをしたのである。当時は（西暦一九三〇年）まだドイツにはナチが起こっていなかった。それなのに中田僧正と彼の信者たちは、毎朝ユダヤ人の安全のためにお祈りを唱えていたのである。これは非常に不思議な出来事といわなければならない。

戦争が終って一九四八年に、中田未亡人は日本の占領軍総司令部であるＧＨＱに赴いた。そこで中田未亡人は、イスラエルの首席・ラビを祝福したいと申し出たのである。それは、古代ユダヤが崩壊してから数千年の後に、ついにイスラエルの国家が建設されたことを祝いたいという趣旨であった。一体こうしたことを申し出るに至るまで、中田家においてはどんなことが行なわれていたのであろうか。

中田僧正自身が信じているところによれば、千七百年前に応神天皇は、（神武天皇の後九百四十三年後に生まれたと彼は考えていた。）ユダヤ人と接触していたと信じていた。そして当時、中国大陸から弓月《ゆづき》と呼ぶ種族が三千五百人の家族を従えて来日した。これは『日本書紀』にも記録されているが、そのとき、この弓月の人々は、初めて日本に絹の織物を持ってきたと伝えられている。

その後、仁徳天皇、雄略天皇の時代にもさらにユダヤ民族の移民が日本にやってきたと彼は信じた。これが日本古代史における秦氏と呼ばれる人たちであると彼は考えたのである。この秦という氏族の名前を、彼は織物の部族だと理解したのである。また、秦氏の秦というのは秦の始皇帝の秦と同じ名前である。そして秦氏は秦の始皇帝の子孫であり、秦の始皇帝は古代ユダヤ民族の子孫であると彼は考えたのであった。

これらの秦氏は、現在京都にある太秦の地に移住して生活することになった。そのウズマサの〝ウズ〟は〝ユズ〟という意味であり、これは弓月の民の〝ユズ〟からきているものと考えたのである。

〔古代中国においては、現在のローマ帝国の首都ローマを大秦という名前で呼んでいた。これはいま述べた京都の太秦《うずまさ》と大変よく似た漢字が当てはまるのである。〕

そのとおりである。

また、広隆寺には、昔太秦寺という名前がつけられていたそうである。つまり、これは古いユダヤの寺という意味にも理解できるわけである。

また、この太秦の地方には、大辟《おおさけ》神社と呼ばれる神社がある。この大辟という漢字は、支那語で書いたときの旧約聖書に出てくるダビデと全く同じ書き方をするわけである。また、太秦の地には、イスライと呼ばれる井戸が現在でも存在している。これは、おそらくイスラエルという言葉から命名されたのではないかと彼は考えている。

つまり、彼の結論によれば、秦氏はユダヤの移民たちであり、その人たちの住んだ太秦は、古代ユダヤ人の居留地であったと考えるに至ったのである。毎年九月になると、その地では牛祭りというお祭りが行なわれる。そして、この太秦で行なわれる牛祭りのときは、面をかぶった踊りが行なわれる。この面の顔は、完全に外国人の顔つきなのである。

そのとき、牛を追い払う行事も行なわれる。これと同じような行事はユダヤ民族の中にも行なわれており、毎年九月に行なわれる。ユダヤの暦では、新月の後の十日後に行なわれる祭りである。これは〃ヨンキプア（YOMKIPPUR）〃と呼ばれる贖罪の祭りである。

この祭りのとき、午後に二頭の山羊が引き出され、一頭をユダヤの寺院に連れていき、もう一頭の山羊を追い払うのである。これは現在でも太秦で行なわれている牛祭りと全くよく似た内容を持っているのである。

幸運な数

また、中田は節句の祭りのとき、日本ではショウブの葉を屋根に飾るという習慣に注目していた。これは、古代ユダヤにある仮庵の祭りスコット（SUKKOT）と全く同じものであるということを指摘している。このスコットの中にあるOTというのは、ヘブライ語で〃祭り〃という意味で、SUKKというのは、〃小さなうち〃の意味である。

さらに、日本の節句で使うヨモギの餅は、ユダヤ人が用いる酵母を使わないで作ったパンであるマッツァとよく似ていると指摘している。また、日本の習慣では、毎月七日には決して旅行には出発しないという習慣があったことも述べている。つまりこれは週の七日目の日は、ユダヤの安息日に当たるのでユダヤ人はだれも旅行することがないのと全く同じ関係にあるということである。

それに、日本では「三」と「七」と「十二」というのは非常に運のいい数字だと昔から信じられているが、これは全く古代ユダヤ人の考え方と同じであるということも指摘している。

ほかにも、九州地方で行なわれるお祭りの一つに、〝餅よこせ祭り〟というのがある。これは神様が人々に餅をくれるという意味を持っている。ここには、ちょうど古代ユダヤの民が砂漠で食糧がなくて困っていたとき、神がマナと呼ぶ食糧を砂漠の上によこしてくれたという故事来歴と全く一致するのではないかと彼は考えたのであった。

また、この中田は、小谷部が言ったのと同じようなことも考えていた。

日本の皇室では、毎年新嘗祭《にいなめさい》というお祭りを行なう。これは毎年の農作物の収穫を神に感謝する祭りであるが、この祭りは古代ユダヤの神殿における祭りと全く同様のものであったと指摘し、また伊勢の大神宮では、細工しない自然石を使って、その上に神社を作るという習慣について述べ、この関係はまた古代ユダヤ神殿におけるそれと全く同じ関係にあるとも述べている。

また、日本のお祭りでは神聖な木の枝を用いてみそぎをすることとか、人々がおみこしをかついで川の中を渡っていく情景が古代ユダヤの民が、神殿をかついで紅海を渡ったという旧約聖書の話と全く同じであるというふうな指摘も行なっている。

このような説を中田というキリスト教信者は唱えたのである。この中田が、初めてキリスト教徒になったとき考えたことは、聖なる民・ユダヤ人を、ヨーロッパの国々では長年にわたって迫害したという歴史的事実は、非常に重大な犯罪行為であると考えたのである。これは、ローマ帝国、古代ギリシャ、フランス、ドイツなどが行なった数々のユダヤ迫害の歴史についてであった。

また、一般のヨーロッパ人たちがもっているユダヤ人に対する憎悪の念も許しがたい罪であると考えたのである。そこで中田が考えたことは、現在この世界に存在する国の中で歴史的にただの一回もユダヤ人に対する迫害を行なわなかった国が日本であると考えたのである。

日本人とユダヤ人は、世界の二つの偉大な民族であると彼は考えた。また、彼は旧約聖書に、太陽は東に昇るという文章から、それは日本を意味することだと考えたのである。そこで日本は歴史的にみても、ユダヤ民族に対して保護を与えるべき特別な任務を背負っていると信じたのである。

〔旧約聖書には、日の昇る国と書かれた部分があるのか。もしも書かれているとすれば、それは旧約聖書のどの部分であるのか。〕

日の昇る国という言葉は旧約聖書にはない。しかし、日が昇り日が沈むという言葉が書かれている。おそらくこれは、旧約聖書伝導の書の一節であろうと思う。その〝日が昇り〟ということを、中田は日本であると解釈したのである。中田はそこで、日本のキリスト教徒はユダヤ人を助ける使命をになっていると考えたのであった。だからユダヤ人の歴史的な故郷であるイスラエルに国を建てることを、日本のキリスト教徒は助けなければならないと考えたのである。

したがって、ナチがドイツに出現する以前に中田と彼の信者たちはユダヤの安全について毎朝お祈りを唱え、当時のパレスチナにいるユダヤ人たちに多くの献金行為を行なったのだと思う。そうして、ユダヤ人だけの国家の建設を助けようと努力したのであった。

ユダヤ難民と日本人

中田と彼の信者たちがこのような行動に走ったので、アメリカとヨーロッパから来ていた宣教師たちときわめて激しい対立関係が生まれることになった。というのも、それらのキリスト教宣教師たちは、きわめて反ユダヤ的な思想を抱いていたからである。

そこで、これらの外国人宣教師団は、中田のキリスト教教会に対して資金援助をすることを中止し、彼はその協会を維持するための一切の外国資金を絶たれてしまったのである。

しかし、彼はこれらのことに一切の関心を払わず、彼の信念をますます強化させていったのである。

中田は歴史の流れから見て、ユダヤ人たちはその故郷、イスラエルの地に帰り、ユダヤ人の国家を建設する運命にあると深く信じていたのである。その当時、中田と彼の信者以外には、このようなユダヤ人の国家建設の夢はだれも信ずるものはいなかった。

ナチの迫害から逃れたユダヤ人が、五千人ほど神戸に到着したときのことである。その中には教百人のユダヤ教のラビが含まれていた。彼らは一九四〇年、当時ヨーロッパに在住したユダヤ人のグループであった。当時のヨーロッパに在住したユダヤ人は、ユダヤ人即死刑という世界の中で生きていた。

初めてこれらのユダヤ人たちが敦賀と神戸に到着したとき、これらのユダヤ人たちは中田僧正の信者たちと初めて出会うことになった。この信者たちは、ユダヤ人たちを抱擁し、この旅行者たちにミカンとリンゴをたくさん与えたのであった。中田とその信者はそれほど金持ちでなかったので、そのような行為でユダヤ人にできるだけの尊敬を払ったのであった。

そして、非常に温い愛情と細やかな心遣いを払ったのであった。そのときまで、ユダヤ人は、非ユダヤ民族からこのような温い取扱いを受けたことはなかったのである。

中田僧正が死んだ後、彼の信者たちは四散し、三つの組織に分裂した。そして教会としての力は非常に弱いものとなってしまった。現在においてはこの中田僧正の後継者たちは非常に弱い力しか持っていない状態である。

藤沢博士の説

〔中田の説は大変おもしろいが、ほかにこのような説を主張した人はいないのだろうか。〕

もう一人、非常に興味深い日本人の話をしてみたい。それは藤沢という人である。彼は高名な神道研究者であった。

彼は第二次大戦後、神道を外国人に説明する一種の代弁者の立場を演じたことがあった。彼は英語で神道についての本を発表し、アメリカ各地で神道についての講演を行なって歩いた。

藤沢博士は、英語に堪能で日本語の言霊《ことだま》はどういう意味を持っているか、などということを説明することができたのである。彼は神道の持つ哲学、考え方などを一般アメリカ市民に英語でよく説明することができた。そんなことでこの藤沢博士は、アメリカにおいては大変有名な人物となった。

この藤沢博士も、また小谷部がかつて唱えた日本人＝ユダヤ人説を信じた一人である。彼はまた、〝ミカド〟は古代ユダヤの一種族のガド族の子孫であると信じた。古代ユダヤ人が迫害にあったとき、ユダヤ人たちは、自分たちの民族の正統性と清浄さと独立性を保つために、その土地を離れてはるばると日本を訪れ、そこに定着したのだと彼は信じた。そしてこれは神武天皇の以前のことであったと彼は信じたのであった。

また、彼は日本語の中で、〝帝《みかど》〟とか〝土御門〟〝中御門〟などの言葉の中に、ユダヤ種族、ガド族の言葉の名残りを発見したのである。また、日本の土地メナセはそのままヨセフの息子の名前であると信じたのである。

メナセは旧約聖書にも記載されており、ヨセフの息子の名前であり、それは後に独立したユダヤ種族の名前となったのである。

また、藤沢博士は日本の三種の神器は、すべて古代ユダヤの宗教と関係があると信じたのである。草薙《くさなぎ》の剣はアーロンの持っていた杖であり、曲玉《まがたま》はユダヤ民族が砂漠で神からもらったマナを入れる容器に相当するものであると考えた。そして、八咫鏡《やたのかがみ》は、神の十戒を書いた石の板がそれに相当すると藤沢は考えたのである。

ユダヤの歴史においては、これらの三種類の宝物は消失してしまったのだが、それがそのまま日本にもたらされて三種の神器になったと彼は深く信じていたのである。これはほぼ、日本の神武天皇の時代に、ユダヤの歴史から消失していたと彼は考えたのである。

また、彼は仏教のイダということについても話している。さらに日本の伝承には、日本の八咫鏡の内部には金の小さな箱があり、それは約一・五インチの大きさであったという。この鏡の中の金の箱を雄略天皇があけたとき、そこから煙が出て、中のものは全部消えてしまったと記されているという。これはちょうど古代ユダヤの民が、神からもらった食物であるマナを入れた箱をひらいて見たとき、粉になって、煙となって消えたという話と全く似ているという説を、この藤沢博士は唱えたのである。

この藤沢博士が、また八咫鏡のうしろに三個のヘブライ語の文字が書かれていて、それは旧約聖書の〝私はあってあるもの〟また〝私は永遠なるもの〟という神自身の名前が書きつけられていると信じた人物であった。

古代ユダヤ人のマナは、日本の米に相当し、そこで日本の米に相当する〝マンマ〟という言葉が生まれたのではないかとも考えたのである。さらにユダヤ人は常に東方に関心を抱いていて、日本人は自国を〝ミズホの国〟といっている。それはヘブライ語の〝東〟という言葉〝ミズラ（MIZRAH）〟が起源ではないかと考えたのである。これが藤沢博士の唱えたおおよその内容である。彼は正統派の神道の信者であった。

そこで、神道信者の多くは彼の説の多くを信じたのであった。神道は聖なる宗教であり、世界で最も古い起源をもたなければならないのであるとすれば、世界で最も古い民族であるユダヤ人の宗教と何らかの形で関係をもたなければならないという結論になったのではないか。これが藤沢博士の考えた日本の民族の最も深い根源的なことに関する秘密であろうと思ったのである。そこで彼は、古代ユダヤ人が日本を訪れ、また古代日本人がユダヤを訪れたというふうに考えたのである。

一説によれば、ユダヤ人こそが日本に真の知恵をもたらしたのであるという。また別の説によれば、ユダヤ人が日本を訪れて知識をさずかり、それを持って帰ったともいわれている。だが、ある時代の日本の国粋主義者たちは、日本よりも偉大な民族があるということに耐え切れなかったのであろう。

この藤沢博士はすでに死亡したが、一九四〇年から五〇年ころ、非常にアメリカで有名であった人物である。

ラビ・グリンバーグの説

〔外国人で日本人＝ユダヤ人説を主張した人はいなかったのだろうか。〕

私が知っているのは、サミュエル・アブラハム・グリンバーグ（Samuel Abraham Greenburg）というラビである。彼はヨーロッパ系のユダヤ人で、現在イスラエルに住んでおり、アシュケナージ系ユダヤ人である。

このグリンバーグの個人的な学説によれば、ユダヤ人と日本人は同じ起源を持つ民族であるという。彼は過去十〜二十年にわたって、このための資料を広く各地に求めているのである。彼は多くの日本側の文献をヘブライ語に翻訳することもしている。また、古代日本の歴史も研究し、それを古代ユダヤの歴史と比較させている。

このラビ・グリンバーグは、基本的には伝説を一般的な形で述べることをしている作家である。彼はユダヤの失なわれた十の種族は、シルクロードを経てアジアに至り、日本人の祖先となったと信じている。

だから、現在の日本文化には、ユダヤ起源のものがあると信じているのである。しかし日本人は、自分の文化の中に含まれるユダヤ的特徴についてあまり注意を払っていない。また、それを理解していないのは古代ユダヤ文化に関する理解が少ないからであると彼自身信じているわけである。

グリンバーグの説によれば、神道という言葉自身ヘブライ語の起源から由来するものであるという。神道という日本語は、古代ヘブライ語の「種族」という意味だと彼は説明する。オリジナルとなったヘブライ語は、シフト（SHIVTO）であるというのである。

グリンバーグもまた、ユダヤの失われた十種族のうちのガド族が日本にたどりつき、これは日本の佐伯好郎教授（景教の研究者）が指摘した〝ミカド〟が、〝ミ・ガド〟から由来するという説と一致するわけである。ヘブライ語で〝ミカド〟の〝ミ〟は、「～から」という意味で英語でいえば〝フロム（from）〟である。つまり、〝ミカド〟がヘブライ語であるとすれば、ガド族の子孫という意味になるわけである。

グリンバーグによれば、古代の石像の彫刻の中には、ユダヤの十二種族の名前が彫刻されているという。その中のガド族は〝シフト〟と書かれているという。これは種族の意味であり、後に現在の日本語である神道に変わったという説をとなえている。だから、「シフト」つまり「神道」という言葉は、いまのガド族と非常に近い関係にあるわけである。

グリンバーグの結論によれば、古代ユダヤ民族のガド族が日本に来て、「シフト」という言葉を残し、その言葉が後に「神道」という日本語になったのであろうというわけである。また、彼の説によれば、古代ユダヤ民族たちは各地で多くの迫害にあった。当時の一般民衆は、自分たちと風俗習慣の違う少数民族の存在を非常にきらったのである。

この関係は現在でも同じことである。そこで、非常な古代においても、ユダヤ民族ははるかかなたの地まで、住みよい土地を求めて移住したのである。こうした放浪のユダヤの一種族が、日本列島に住みついたのであろうとグリンバーグは述べるわけである。

また、グリンバーグは日本の伊勢の皇大神宮に納められている八咫鏡についても注目している。その理由は古代ユダヤ民族においても鏡は神聖視されていたからである。それは清浄さの印であり、神に対する信仰心のあかしでもあった。

鏡によって示されたシンボルは、日本の神道においてのシンボルの持つ意味と全く同じであるからである。

また、彼は古代日本民族の弓月《ゆづき》の民は旧約聖書に述べられたアイザックの別名であろうとも考えた。そして、日本語でいう「お札」は、古代ヘブライ語のエフォッド（EPHOD）から由来しており、これは山伏が胸につけているような一つの胸当てであって、古代ユダヤの僧侶たちが常につけていたものの名称であろうとも述べている。

さらにおもしろいのは彼の説によれば、日本の古代の都である平安京は、イエルサレム、(これはヘブライ語で「平安の都」という意味であるが、)というユダヤ語の意味をとって日本の都市に名づけられたのではないかとも推測している。

古代ヘブライ語で「イエルサレム」の「イエル」は都市の意味であり、「サレム」は現在のシャローム、つまり平安、平和という意味である。だから、イエルサレムは平安の都である。

グリンバーグは、日本人の性格とユダヤ人の性格との共通点についても指摘していて、それは両方の民族とも親への尊敬の念、がんこさ、献身、伝統を忠実に守る点、集団の中における適応性、これらが両民族における共通な性格的特徴であるとも指摘している。神道の宗教には、偶像が存在しないという点も、古代ユダヤ神殿において偶像が存在しなかったというのと同じだと指摘している。

また、祭りの日、死に対するタブーがあること、みそぎ、塩を使う習慣、両者とも菊の紋を用いている、などの共通点を列記している。さらに長い歴史の経過を経ても、日本人は日本人としての主体性を保存しているし、ユダヤ人は歴史的な迫害にもかかわらず、ユダヤ民族の主体性を保存し続けている。このような民族的特徴も、また両者の共通点と考えているわけである。

ほかの民族はすべて他の文化にのみ込まれ、民族としての独自性を失ってしまうが、日本人とユダヤ人だけはちがっていた。これらがグリンバーグの本に書かれた古代日本文化と、古代ユダヤ文明との相互比較の論文の内容である。

日本のキリスト伝説

〔日本の週刊誌などには、時々キリストが日本にやって来ていたなどという記事をのせることがある。この話題について話を進めたい。〕

東北地方にイエス・キリストが来たという民間伝承があるのを私は聞いている。一九三五年、竹内という家族に残された非常に古代の書きものが発見されたとマスコミは報道した。これは、東北地方の戸来という土地に居住する家族である。俗に「竹内文書」として好事家たちに知られているものである。

この報道によれば、そこには二つの小さな丘があるという。また、一九三六年にはそこに井戸の跡を発見したとも述べられている。しかし、このようなことについて、多くの人たちはほとんどそこに何らの学問的価値も見つけていないが、少数の人たちは、それを非常に深く、真実なものとして信じている。

つまり、彼らはその東北の地に二千年の昔、ユダヤ人の少数の集団が移住したのであろうと信じているのである。戸来の村に保存されている書類によれば、「スメラミコト」の「スメラ」

という意味は、ヘブライ語における「世界の知恵」ということになると書かれている。つまり、それはスメリヤ人の文化ということから、スメラという言葉が派生したのであろうというのである。

この民間伝承によれば、古代社会には、日本に伝えられた優れた知恵を求めて、多くの人たちが日本を訪れ、その中にはイエス・キリストもいたというわけである。

少数の人々にはイエス・キリストは垂仁天皇の時代に日本を訪れたのであろうと信じられているが、その理由の一つとして、新約聖書には、キリストの青年時代についての記録は何も残されていないから、その時代にキリストは大旅行をして日本にまで訪れたのであろうというわけである。これは、キリストが二十五歳から三十一歳までのことであったと考えられている。

キリストがイエルサレムに戻ったとき、そこで彼は日本の文化について人々に教えたのであったという。そしてキリストの兄弟はローマ帝国の軍人によって殺された。つまり、イエス・キリスト自身が殺されたのではないということである。

新約聖書では、キリストが十字架にかけられたとき、「神よ、神よ、なぜ私を見捨てるのか」という言葉をはいた。またその後、「おまえたちは私を捜すが、私を見つけることはできない」とも言っている。なぜ人々はキリストを発見することはできないのであろうか。それはキリスト自身が勉強した日本へ戻ってしまったからであると、その文書では述べているというのである。

この物語によると、キリストが日本にたどりついた道は、アラスカを経由しているという。そしてキリストは日本で結婚し、三人の娘をもうけた。三人の娘たちはすべて結婚し、キリストはその後、戸来に住んでいたという。だからその地方の子供たちは、古代のユダヤの習慣を現在でも持っているというのである。彼らの歌う民謡は変わったものであるし、赤ん坊が生後三十日になったときに神社に連れていくというのも、これは古代ユダヤの民族が行なったのと同じ習慣であるという。

青森県の八戸市周辺に、このキリストの髪の毛と耳が埋葬されたと伝えられている。また、彼らが言うには、その地方で神の十戒が彫刻された石を発見しているともいう。

この竹内文書に記載された事柄は、戦争中、きわめて秘密な存在として保存されていた。現在でも日本の右翼の国粋主義者たちは、この竹内文書に記載された内容を信仰している。また、神道の一分派である新興宗教の中には、この竹内文書をきわめて神聖なものとして考えているグループも存在している。

竹内文書の怪

私がこの竹内文書について書かれた書物を読んだときに感じた感想は、どうしてこんな不思議な話が日本で持ち上がってきたのかということであった。なぜこんな妙な話を信ずる人たちが存在し得るのかということであった。内容はおもしろいけれども、歴史的にあり得ない話ではないかと思ったのである。

この文書では、イエス・キリストが日本に来ただけではなくて、モーゼ自身も日本を訪れているというのだから非常な驚きであった。モーゼが日本に来てホタツ山というところに埋葬されているというのである。私はこのような話はかつて聞いたことがないので、非常に奇妙な感じを抱いたのである。

旧約聖書によれば、モーゼは四十日と四十日の夜、砂漠を訪れてその期間彼の姿をだれも見なかったということがある。これが旧約聖書に述べられた非常に不思議な話であるが、その期間に彼が日本を訪れて知恵を学んだというのは、想像を絶するような奇妙な話である。しかし、モーゼが一体正確に、どこの土地に埋葬されたかということは、何も伝えられていない。なぜかといえば、モーゼは日本に来て、そこで知恵を学んだからというのが彼らの答なのである。

ここにはたくさんの不思議な話が含まれているが、私には基本的な二つの疑問があった。第一番目に、キリストとモーゼはなぜ日本に来たといわれているのであろうか。第二になぜモーゼは日本に来る必要があったのであろうか。

そのわけは日本の国粋主義者たちは、日本文化の持つ優秀性、そのすばらしさを示そうと考えていたからではないかと思う。日本こそは世界のすべての知恵の源を生み出した国土であると信ずる必要があったのではないか。

こうした国粋主義者たちが、他の民族の歴史を見たとき、たとえば、キリスト教はそれ自体の古い歴史を持っていないということを、非常に容易に発見できたはずである。キリスト教は決してオリジナルな宗教ではなくて、ユダヤ教の翻訳にすぎない。また、キリスト教徒たちは、その本来の宗教であるユダヤ教の用いたヘブライ語を決して勉強したことはなかった。つまり、キリスト教は非常に表面的な宗教であった。

そのような目でながめれば、回教もまた非常に表面的な宗教になってしまう。つまり、回教はキリスト教よりも新しく作られた宗教だからである。そこで彼らは、本当の独創的な考え方はどこから生まれてきたかということを探ろうとしたに違いない。

どの神道の信者たちも、神道の持つ深い深い本当の意味を発見しようと努めたはずである。そこで得た国粋主義者の結論は、神道と日本の独自性は、世界で最も古い民族であるユダヤ民族から直接に由来したものであると考えざるを得なかったのである。しかしながら、日本の国粋主義者、右翼、神道の信者たちは、ユダヤ人の方が日本民族よりも古い歴史を持つということに耐え切れなかったようである。だからこそ、ユダヤ人の祖であるモーゼが日本に来て、知恵を学び、世界で最も古い宗教であるユダヤ教をイスラエルの地に作ったと考える方が、国粋主義者たちにとって都合のいい考え方であったはずである。

そこで、神道という言葉もまた、ヘブライ語から由来したと考える方が都合がよかったのではないか。だからこそ、モーゼがユダヤの地で神道の教えを広めたのであると考えた方が都合がよかったのではないか。

だから、ユダヤ人たちは、純粋なる神道の考え方を無理にゆがめて、ユダヤ教を作ったというふうに考えるのが、彼らにとっては都合のよい発想であったわけだと考えられる。だから、ユダヤ教こそは、日本の本来の言霊の教えのゆがめられた形であると、これらの国粋主義者たちは結論づけたのである。彼らの考え方によれば、将来、この世界で最も古い偉大な二つの考え方、つまり神道とユダヤ教は、一つに溶け合わされてしまうべき運命になっているはずのものであった。

そこで、ユダヤ人と日本人によって築き上げられた新しい第三の文明が築かれるはずであった。神道とユダヤ教の結合したものこそが、偉大なる革命的な思想となるはずのものであった。これは偉大な宗教的革命ともなり得るであろうと彼らは考えた。これが日本の国粋主義者である神道の理論家たちの考えた壮大な発想だったのである。

日本人のキリスト観

また、日本にイエス・キリストが来たという考え方は、私には非常に特徴的な日本民族の発想を示していると思われる。

キリスト教はヨーロッパの宗教である。ところが、ヨーロッパ人は白人種であり、成功した民族であり、産業革命を成し遂げた民族でもある。強力な戦力を持ち、強大な教会の組織を作り上げた民族である。これらは、日本人にとって非常に印象的なできごとであったと思われる。

日本人の心理には、こうした成功者、特に世界を指導するヨーロッパ人の考え方をまねしたいという願望が秘められていたのではないか。しかしながら、現在のキリスト教は、本当の独創的な宗教ではない。これは実際において、ヨーロッパ化されたユダヤ教であった。これはそのキリスト教の発生のオリジナルなものから比較すれば、非常にかけ隔たったものである。現在のキリスト教は、ヨーロッパの民間伝承に基づいた部分が非常に多く、ローマ的であり、イタリー的であり、つまりユダヤ的ではないのである。

そこで、キリスト教の宣教師たちが日本を訪れて、日本人をキリスト教徒に改宗させようとしたとき、彼らはキリスト教を販売していたのではなく、ヨーロッパのすべてを日本人に売りつけていたのである。彼らの販売していた考え方は、イタリーのそれであり、フランスの、ドイツの考え方なのである。これはゆがめられたキリスト教の考え方である。

なぜ日本がこのようなゆがめられたキリスト教を受け入れなければならなかったのであろうか。

日本は本当の、正統的なキリスト教を信じなければならない。日本は最上の、ねじ曲げられない正当なキリスト教の考えを受け入れなければならない。しかし、日本を訪れたキリスト教は、ヨーロッパ人たちの手を経由してきたのである。これはきれいな手ではなく、正統的でもなく、独創的なものでもない。そこで日本人の中に一つの説が生まれたのである。

完全にオリジナルで汚れのないキリスト教は、ヨーロッパに存在するはずがない。これは日本の中で生まれるべきものであった。だからこそ、イエス・キリストは日本に来たのだ。ユダヤ人が日本を訪れ、そこで独創的な考え方を植えつけ、日本人はキリスト教徒になった。これは全くオリジナルなキリスト教であった。それは全く清浄なキリスト教であり、ヨーロッパ的な民間伝承的な、ねじ曲げられたキリスト教ではなかったと考えたかったのである。

これは日本における多くのキリスト教徒たちの潜在的に抱いていた考え方であり、先ほど述べた川守田という牧師の抱いていた考えとも近いものであった。われわれ日本人は、ユダヤ人であり、われわれこそが真の独創性を持つ民族であり、われわれこそが正統派であり、われわれが本当のキリスト教徒になるのだというのが彼らの信念である。われわれは、偽りの、ねじ曲げられたヨーロッパ的キリスト教を信じているのではないというのが彼らの信念であった。このような考え方の中には、多くの部分に日本独特のメンタリティーが反映していると思うのである。

日本人は第二のいいもの、または他人のアイデアをまねすることを好まず、すべてのものを日本化しようと考えたわけである。だからこそ、日本人はユダヤ人であり、イエス・キリストは日本に来たのだと信ずる必要があったのである。

キリストはヨーロッパで、または中近東で死んだのではなく、日本で死んだのであり、日本人こそがキリストの子孫であると信じたかったのである。私はこれは、日本人の抱く潜在思考が強く反映した考え方によって組み立てられた一つのお話として聞いておいた方がよいと思うのである。

四　八咫鏡をめぐる論争

(ヘブライ語でかかれたユダヤ人の十戒)

八咫鏡とは天照大神が天岩屋戸に隠れたとき石凝姥命（いしこりどめのみこと）がつくったといわれる、三種の神器の一つの鏡である。この鏡に関して不思議な見解をとる人々がいたが、これらについて日本のオリエント学者の一人である三笠宮殿下の批判に耳を傾けたい。

正統的な学究による論評を経ない説は、根拠のない俗説、あるいは単なる空想による蜃気楼のようなものでしかないのだから。

三笠宮殿下の無言の微笑

〔前章では、日本とユダヤの古代史に関する大変興味深い説を検討したが、これらの説に対して、日本人学者の正確な批判といったようなものはないのだろうか。〕

私は、個人的に三笠宮殿下（以下、敬称略）を知っている。

彼は古代ヘブライ語の深い知識を持った学者で、三笠宮のヘブライ語の能力は、私にとっても非常におどろくほどきわめて熟達したものである。

そこで、私はこの川守田の説について三笠宮の意見を聞いてみたのである。私と三笠宮が話し合うときは、いつもヘブライ語を用いるし、三笠宮が私に贈ってくれる年賀状はいつもヘブライ語で書かれている。

私が、川守田の日本民謡に含まれたはやし言葉の中のヘブライ語に関する研究について話したとき、彼は何も返事をせず、ただ笑っただけであった。つまり、古代ヘブライ語学者の目から見れば、それは何ら学問的に批判すべき内容を持たないものなのである。

〔つまり、日本民謡の中に古代ヘブライ語があるという説は、非常に興味深いものだが、学問的研究には値しないということなのだろうか。〕

正にその通りである。

〔ところで、われわれ日本人としては、三笠宮殿下がそのような深い古代ヘブライ語の知識を持っているということについて、非常に興味深い印象を抱くものである。この点について少しばかり横道にそれて、あなたと三笠宮とのことについてお尋ねしたいと思う。〕

よろしい。

〔あなたはいつから三笠宮と個人的な接触を持つようになったのか。〕

私が初めて日本に来た一九六九年の冬のことであるが、私は三笠宮あてに手紙を書いて面会したいと申し込んだ。そして私は返事をいただき、面会する日を知らせてもらったのである。

初めて私が三笠宮に会いに東宮御所の一角にある三笠宮のお屋敷へいったとき、私は通訳を連れていった。

初対面のとき、私はこれから自分が日本で行なうラビとしての仕事の内容について彼に御説明申し上げたのである。そのとき彼は、いままでに会ったラビの名前を書きつけたノートを私に見せてくれた。そのノートを見て私は驚いたのである。つまり、いままで日本を訪れたすべてのユダヤ教のラビの名前が、三笠宮のノートの中に書きとめられてあったからである。

三笠宮自身、古代ユダヤの歴史について非常に深い造詣を持っていられる。それは決して表面的な、歴史的な知識というのではなく、学問的な意味でも非常に深い知識を持っているのである。

彼が何か発言するときは、その裏に必ず学問的な資料の裏づけを持っているのである。ユダヤ人の習慣として、一般的に、その人間が何を話したかについてその人間を判断することは少ない。しかし、その人間がどんな質問をしたかについてその人間性を判断するのがユダヤ人のしきたりである。

そこで発見したことは、三笠宮が私に対してした質問は、非常に深い学問的造詣がなければできないような質問だった。非常に鋭く、非常にうがった質問であって、それは彼自身深い研究と知識を持っていなければ、決してできないような性質のものだったのである。

そこで彼が言ったことは、日本オリエント学会において、あるときイスラエルの考古学者を招待して講演を依頼したことがあるということであった。この講演会は青山学院において開催されたのであった。そしてその時のテーマは〝イエルサレムにおける考古学的発見〟というものであった。この考古学者が私にあててイエルサレムの古代神殿にある菊の紋の写真を送ってくれたのである。私とこのユダヤ人の考古学者は、東京において初めて会ったのである。

三笠宮とヘブライ語

余談はさておき、三笠宮との話を続けることにしよう。

私が初めて三笠宮に会ったとき、すでに彼自身はヘブライ語の知識について深い造詣を持っていたが、東京においては彼のヘブライ語の知識は、あまり実際に使われる機会がなかったのである。そこで、彼は私とヘブライ語で話し合うことを非常に望んでいたのである。もし、ヘブライ語を実際に使う機会がほとんどなければ、豊かな知識は少しずつ衰えてしまうからである。

ユダヤの祭礼、過ぎ越しの祭りにおいては、常に旧約聖書、『出エジプト記』に記された古代の物語を、ヘブライ語で読むのが慣習となっている。これは過ぎ越しの祭りの晩餐会において、三時間ないし四時間もかけて行なうのが普通なのである。

そこで、私はユダヤの祭りで最も重要な過ぎ越しの祭りの晩餐に、三笠宮自身出席していただくように招待したのである。彼は喜んでその招待を受けたいと言ったのである。

過ぎ越しの祭りの晩餐のとき、三笠宮は広尾にある日本ユダヤ文化センターにやってきて、その晩餐会のメイン・テーブルに座った。

晩餐会の途中で、われわれは旧約聖書の物語を、ある人はヘブライ語で、ある人は英語で読むのであった。もちろんそこに出席したすべてのユダヤ人は、ヘブライ語を理解できたのである。そして、だれでもヘブライ語を読む能力のある人は、旧約聖書の一節をヘブライ語で読む機会が与えられるのである。

晩餐会の途中で、私が三笠宮に、

「何か旧約聖書の一節をヘブライ語で読んでいただけませんか」と頼んでみた。三笠宮は「それは、私のヘブライ語を使ってみる黄金の瞬間であるから、ぜひ読んでみたい」と答えられた。そこで、私は「いまみんなが読んでいるページの、二十ページ先の文章を読んでみていただけませんか」と頼んだ。そうすれば、彼はまだその場でだれも読んだことのない文章を読む機会に恵まれると思ったからである。

しかし、三笠宮は「いや、特別な文章を私に示さないでほしい、私はこの晩餐会に座っている人たちと同じように、私も旧約聖書の一節をヘブライ語で読んでみたかったのである」とおっしゃった。そのときたまたまわれわれは、旧約聖書の詩篇の一節を読んでいたのである。

そこで私は突然立ち上がって、晩餐会に出席しているみんなに、三笠宮自身が天皇陛下の弟であり、彼自身ヘブライ語を学んでいるということを紹介して、そこで彼に旧約聖書を読んでもらうように頼んでみたのである。

三笠宮は立ち上がって、非常に簡単に旧約聖書を取ってページを聞き、すらすらと非常にりゅうちょうにヘブライ語で読み始めたのである。それは何の間違いもなく、非常に正確なヘブライ語の発音であった。

しかし、私が少し心配だったのは、三笠宮の読み始めた詩篇の内容の一節に、ユダヤ人は神だけを信じて、人間は信じないという意味の言葉が含まれていたからである。その次の章は、われわれユダヤ人は神を信ずる、あなたは絶対に王たちの、または王子たちを信じてはいけないという意味が含まれていた。

彼が日本の象徴である天皇の弟であるということから、その文章を彼自身読み始めることを私は内心少し恐れたのである。しかし幸いに、三笠宮は何ごともなくその文章を読み終えてしまったのである。この過ぎ越しの祭りに列席したすべてのユダヤ人たちは、日本のプリンスである三笠宮のすばらしいヘブライ語の能力について、だれ一人感嘆しない者はなかったのである。

晩餐会の日本女性

この日の晩餐会の終わりに、私は三笠宮に一人の日本の女性を紹介した。彼女はイスラエルにいたことがあった。彼女はイスラエルでヘブライ語を学び、キブツで働いていた。

彼女を私は、やはりこの過ぎ越しの祭りのお客様として招待していたのである。彼女自身も数十年イスラエルにいたので、りゅうちょうにヘブライ語を話すことができた。彼女は過ぎ越しの祭りの晩餐会に出席はしたが、彼女は「私はひっそりとした客の一人として夕食だけを食べたい、だから聖書を読むチャンスは与えないでくれ、私は静かに夕飯だけを食べたいのである」というのが希望だったのである。そういうことだったので、私は「オーケー」と答えておいた。

しかし、夕食後に列席したユダヤ人たちは、われわれはもっとよく日本について知りたいので、列席した日本人を紹介してくれということであった。私はそのとき、会場のみんなに向かって彼女を紹介した。

彼女は一九六九年の戦いの最中にイスラエルに滞在していた。そのとき彼女は少女であった。なぜかというと、彼女の父と兄は、第二次大戦においてロシア軍によって殺されたので、彼女は孤児だったのである。彼女の両親はカラフトに住んでいたのであった。彼女は母親と二人で日本に帰国した。その後、彼女は一人でイスラエルに行ったが、イスラエルとアラブ国家は戦争状態に入ったので、彼女の母親は日本に帰ってくるようにと手紙を送ってきた。

この母親からの手紙を私はその過ぎ越しの祭りの晩餐会のときにみんなの前で読み上げてみた。

彼女の母親は日本にいるが、彼女がイスラエルで一緒に住んだ家庭の人たちは、彼女にとって第二の父と母のように思われる人たちであった。そこで初めて、彼女は家庭とはどういうものなのかという雰囲気を味わうことができたのである。そこで彼女自身は、自分の故郷は日本にはなく、イスラエルが自分の魂の故郷であると感じ取るようになっていた。彼女は一緒に住んでいたユダヤ人の家族と非常に親密な関係を持つようになっていたので、幾ら戦争状態になっても、この家族と離れて日本に帰ることはできなかったのである。

当時、彼女はイエルサレムにいたので非常に危険な状態にあった。そこで彼女は手紙にこのようなことを書いた。〝もし私がこの戦争で死んだならば、決して私のために嘆かないでください〟。

日本にいる母親は、彼女自身が自発的にイエルサレムに行って、自分の好きな人たちと住んでいることを知っていた。つまり、われわれユダヤ人の運命と、この日本の少女は自分の運命をともにしようと決意していたのである。われわれにとっては、彼女の書いた手紙は非常に感動を誘う内容を持っていたのである。

その手紙を読んだとき、列席したユダヤ人たちは涙を流してそれを聞いていた。この手紙を読み終えたとき、それを聞いていた三笠宮は、「このような深い感動を誘う手紙を書いた人物と、ぜひ個人的に知り合いになりたい」と言い出したのである。しかし私は、そこに出席している彼女が、晩餐会の席の片隅にひっそりと座っていたいという約束を守ってくれという気持ちを持っていたので、三笠宮が彼女と会いたいという希望を、直接に彼女に伝えていいものかどうか非常に迷ったのであった。

そこで、私は「もしも彼女自身が三笠宮と会いたい希望があるなら紹介しましょう。しかし、彼女自身会いたくなければ紹介はちょっとむずかしい」と答えておいたのである。

私は晩餐会の片隅にいる彼女のところにいって「三笠宮があなたに会いたがっているけれども、会う希望があるか」と言ったとき、彼女は「私はどんなふうに三笠宮に話していいかわからない」と答えた。非常に恥ずかしがりやの女性なのであった。彼女は真っ赤になってそのようなことを口ごもっていた。

しかし、結局、私は彼女を連れて三笠宮の席に行った。私が彼女を連れて三笠宮の席に近づいたとき、三笠宮は立ち上がって、そしてお互いに紹介しあったとき、この女性も三笠宮も、その目に涙を浮かべていたのである。彼女の経験した深いユダヤ人に対する同情を理解する気持ちが、三笠宮の表情によく表われていたのである。このようにして私と三笠宮はお互いに知り合うようになったのである。

オリエント学会と三笠宮

三笠宮は旧約聖書学会のメンバーの一人でもある。これは学者の研究団体で、私もそれに属している。この学会は年に二回開催される。彼らはその定期的な会合に用いる会場を持っていなかったので、この学会が開催されるとき、東京のユダヤ文化センターを利用するよう

に と私は学会に申し入れ、それ以後この学会はすべて東京のユダヤ文化センターにおいて開催されることになったのである。その学会に所属する学者たちは、ユダヤ文化センターにあるヘブライ語の聖書をいつでも自由に読むチャンスが与えられているのであった。

それ以来、この学会は年に二回われわれのユダヤ文化センターにおいて開催され、そこで昼食を摂るのがしきたりとなったのである。だから、三笠宮は少なくとも年に二回は、私のいるユダヤ文化センターを訪れることになったのである。

また、別な機会に日本在住の外国人教師の集まりのとき、だれがイザヤ・ベンダサンであるのかという講演を私がしたことがある。私はその講演で、イザヤ・ベンダサンはユダヤ人の目からどのように分析が可能かということを話したのである。

三笠宮自身をイザヤ・ベンダサンではないかと疑っている人もいた。なぜならば、三笠宮自身が非常に古代ヘブライ語についての造詣が深いからであった。しかし、三笠宮自身は「イザヤ・ベンダサンは日本の歴史について私よりももっと深く知っている」と言って笑っておられた。

講演会のとき、三笠宮も来たが、そのとき私と三笠宮はヘブライ語で話していたので、われわれの周囲にいる外国人教師たちはみなちょっと困ったのである。なぜかといえば、だれもわれわれの話すヘブライ語を理解できなかったからである。

そこで私と三笠宮が話し合ったのは、旧約聖書に書かれたヘブライ語の語源についてであった。たとえば〝テン〟という言葉は一体どのような語源を持つものであろうかなどという内容であった。つまり、それはきわめて専門的なことだったのである。

三笠宮自身大学生に対して講義をするということであった。また三笠宮自身が、日本オリエント学会の非常に重要なメンバーの一人でもある。

八咫鏡に刻まれた古代文字？

〔人のうわさで聞いたことがあるが、皇室ではその先祖にユダヤ的なものが含まれているということについて、公然の秘密になっていると聞いたことがあるが、その点に関して三笠宮はどのような意見を抱いていただろうか。〕

私もそのことについて三笠宮に質問してみた。

初め私が三笠宮に会ったとき、伊勢の皇大神宮に保存されているという八咫鏡《やたのかがみ》のうしろに、ヘブライ語の文字が書かれているといううわさは本当かどうかということを尋ねてみた。

この八咫鏡のうしろに書かれた三つのヘブライ語というのは、旧約聖書からの引用文であり、モーゼが神に対して「あなたの名前は何というか？」と聞いたとき、神自身がモーゼに対して、「私の名前は、私は私である」と答えた。また、それは別な解釈によれば、「私は永遠なるもの」という意味になる。この話は一時日本の新聞記事としても報道されたことがある。

この〝私は私である〟、また〝私は永遠なるもの〟という意味を持つヘブライ語の三つの文字が、八咫鏡の後ろに書かれているといううわさの真偽について、私は三笠宮に尋ねてみたのである。三笠宮がそのとき答えたのは、彼自身それを報道した新聞記事の内容をよく知っているということであった。しかし、伊勢の皇大神宮に現在保存されている三種の神器については、非常に厚い秘密の壁に取り囲まれており、非常に神聖なものであり、非常に神秘的なものであり、三笠宮自身その八咫鏡を見たことはないということであった。

また、三笠宮が自分の目で八咫鏡を見ることも許されていないということであった。彼の兄である天皇陛下も、また八咫鏡を実際に見たことはないということであった。現在生きているだれもが、八咫鏡を見ることは不可能なのであるということであった。だから、現在生存している人間であれば、その鏡のうしろに三つのヘブライ語が書かれているということを確認できるはずはないということであった。

三笠宮は彼自身その報道について非常に疑いを抱いているということであった。しかしこの問題は、通常の会話の内容にすべきではないということであった。この三種の神器に関するすべてのことは、日本民族の厚いタブーによって囲まれている。だから宮廷においても、皇族のだれもがそのことについては話し合うことはないという答えであったのである。

伊勢の皇大神宮の鏡は覆いを掛けられて箱の中に納められている。だから、この箱はだれもあけることができないのである。

伊勢の皇大神宮の遷宮式のとき、それを運ぶ人はうしろ向きになって、その箱を持つということであった。そしてその八咫鏡を納めた箱は船の形をしている〝御船代《みふなしろ》〟であるということであった。つまりその神器は、船によって遠くから運ばれてきたということを意味しているのかもしれない。

〔伊勢の皇大神宮の遷宮式は、常に真夜中の時刻を選んで行なわれるのが普通である。〕

一九五二年の新聞記事によれば、当時、日本イスラエル学会において会合が行なわれた。そこには数人の学者が出席していた。その中には、神道の研究をする専門の学者である藤沢教授も含まれていた。

その会合で、この伊勢の皇大神宮の鏡についての対話がなされたのである。そこで、その八咫鏡がユダヤ的な影響を受けているかどうかの可能性についても話し合われたのである。

このことについて私が話したとき、三笠宮の答えは「この問題を取り上げるのは非常に注意深い学問的研究が行なわれたあとでなければ適当ではない」という答えであった。現在においてはどの学者もこの点についての深い学問的研究は行なわれていない現状なのである。だから、日本側の慎重な研究と同時に、古代ユダヤ文化の側から慎重な学問的研究が並行して行なわれる必要があるわけである。

従来まで、佐伯とか小谷部という日本の二、三の研究者たちは、このような問題について取り上げているが、いま述べたような慎重な学問的基礎研究を行なっていないのである。

学問的研究が必要

あるとき私は、イスラエルから一冊の本を受け取ったことがある。この本の内容は三笠宮の研究にとって非常に興味深いものであると思われた、古代ユダヤの律法と、中近東における古代の律法とを相互に比較した学問的研究の本であった。これはスメール人、バビロニア人、アッシリア人たちの持っていた律法の内容と古代ユダヤ人の持っていた律法の内容との相互比較研究の本であった。

そこで、私はこの本を三笠宮に贈呈したのである。私は三笠宮とアポイントメントをとり、その本を持って彼の宮廷を訪れた。この本の第一番目のページはヘブライ語で書かれていた。そしてその表紙には、ヘブライ語で書かれた手紙の文章で〝三笠宮自身にこの本をささげる〟という内容が読みにくいスタイルで書かれていたのであるが、三笠宮はそれを開いて一目見るやいなや、非常にりゅうちょうにそれを読みこなしてしまったのには、私も非常に驚いたのである。

そのとき私は、やはり日本文化の源流と古代ユダヤ文化の相互関係についての研究の必要

性を述べてみた。そのとき三笠宮の答えは、

「いままで行なわれた川守田の研究のような表面的なものではなく、非常にしっかりした学問的研究に立つ徹底的な研究が必要である。たとえば、国学院大学の教授陣などは、このような研究には非常に適しているだろう」ということであった。そこで三笠宮は私に対して、

「もしもあなた自身がそのような研究を始めたいならば力を貸そう」と言ったが、私はそのとき、日本の古代文献をそのまま日本語で読む力がなかったので、その研究には不向きであると辞退したのである。

「ユダヤ人の若い学者で、日本語の古代の知識と、ユダヤの古代へブライ語の知識とを両方兼ね備えた人が、こうした研究には適するだろう」と私は答えた。

しかし、そのときわれわれが同意に達したのは、この点に関して何らかの発言は行なわれなければならないということであった。少なくとも現時点においては、どのような資料が入手可能なのであるかは、はっきりと発表しておく必要があるという点についてである。なぜならば、いままでこのような問題について、正式には何の内容も公表されていないからである。

もし、一たびこのような物語が話されたならば、だれかがその問題の内容についてよく分析して、それを調査研究し始めるかもしれない。もしも、何も発表されなければ、そのままの形ですべての問題は闇の中へと消えていくはずだからである。

〔川守田の研究に関する三笠宮の反応について、もう少し詳しく知りたいが。〕

初め三笠宮は、ただ笑っただけである。つまり、これは一種の言葉のない拒絶という意味である。これはまた、非常にポピュラーな民間研究者の代表的な研究例であるという意見でもあった。そこには何らの学問的な基盤を持っていないということであった。

ついでに私が指摘したい点は、たとえば英語で〝ソー（so）〟という言葉がある。日本語にも〝そう〟という相づちの言葉がある。「そうですね」「そうですか」などのように用いられる。この日本語と英語も、両方とも同じような意味を持っている。だからといって、ヨーロッパ系であるイギリス人の言葉と日本語が共通点を持っているとは断言できないはずである。

つまり、このような例から、何かの結論を引き出そうとすれば、非常に学問的に野蛮な結論しか導き出せないはずである。多分それは、言葉における偶然の一致かもしれない。だから、そのような研究から得た結論は、何らの貢献もなし得ないのである。

またたとえば、ヘブライ語や古代アラブ語において、〝あなた〟という言葉は〝アンタ〟と発音する。これは日本語においては〝あなた〟というし、ある方言では〝あんた〟とも発音する。だから〝アンタ〟というヘブライ語と、日本語の方言にある〝あんた〟は同じ発音であり、同じ意味を持つということを書くことは可能である。しかし、私はそこから何らかの結論を導き出すことはできないのである。

だから、三笠宮は単に笑ってそれを無視してしまったのである。つまり、三笠宮はより学問的な立場から、この研究を正しく評価しているというわけである。

東北地方の方言で〝あんた〟という発音がそのままヘブライ語にもあるから、東北の文化は古代ユダヤ文化からの関係があったと結論するのは、非常に学問的に見て早計なのである。これは、あまりにものごとを単純化してしまっているし、あまりにも低級なレベルでの発言であった。

川守田説への批判

そのほかに指摘すべき点としては、もしものごとを歪曲して公表する学者がいたとすると、三笠宮はそうした人が存在したことをあるいは知っていたのかもしれない。

川守田という人は宣教師であった。宣教師の目的はどんな手段を用いても、すべての人をキリスト教に改宗させるという使命を帯びている。そこで使われる手段は、たとえ不正なものであっても、正当化されてしまうのである。なぜかといえば、究極的にはその不正手段もまた布教活動という名目の下で正当化されるからである。

だから、キリスト教の宣教師には、このような意味の手段はきわめて一般的なものであるということができると私は思う。

たとえば、非常に野蛮な人たちに向かって、宣教師たちは「おまえたちは偉大な民族である」と言うかもしれない。だから「おまえたち自身は全世界に誇りと思うべきだ」とおだてあげる。それは少し時代錯誤的な布教活動の方法だと思う。

ここでもう一度考えてみたい。川守田自身、キリスト教の宣教師だったのである。川守田は『日本人はユダヤ人である』というもう一つの本を発表している。つまり、この本で川守田は、日本人こそユダヤ人の血を引いた、世界で最も古い尊厳のある民族であるというふうに、日本人をおだて上げているのである。

つまり、古代ユダヤ人こそ、旧約聖書に書かれた民族であり、ローマ帝国の人々や古代ギリシャ帝国の人たちとは全く違った、もっと優秀な民族であるというふうに述べているのである。

川守田は、日本人こそ正統派に属するユダヤ人であると宣言している。しかも、日本人は放浪の民で、本国との連絡を遮断されてしまったユダヤの民だと言っている。現在においてユダヤ教はキリスト教に変わってしまった。だから、初めてのキリスト教徒がユダヤ人であったのと同じように、日本人もすべてキリスト教にならなければならないと彼は述べたのである。

このようなキリスト教的宣教師の精神は学問的研究にとっては、非常な間違いに導くことが多いのである。なぜかといえば、キリスト教宣教師は、自分の宣教師としての立場としてすべてのものごとをながめる習慣を持っているからである。そこで、力でねじ曲げ、無理やりにその目的に沿ったように事実をゆがめてしまうことがあるからである。

私のようにヘブライ語が母国語である者が、川守田の古代ヘブライ語の知識を見たとき、決してそれが正しいヘブライ語の知識であるとは思えない。川守田自身のヘブライ語の学力をもってしては、ヘブライ語学校の小学校のレベルにおいても授業は不可能なはずである。

川守田自身、聖書研究学会の学会員ではなかった。川守田はさまざまな系統の異なる言葉を識別することができなかったようである。たとえば、古代日本語と古代ユダヤ語の文法構造は、全く異なったシステムで組み立てられているのである。

ところが、古代ユダヤ語において最も重要な名詞についての文法的構造は、川守田の研究においては全く考慮が払われていないのである。また、このような文法構造は、日本語にも全く存在しないものなのである。

いろいろなところに見られる同じような類似性は、日本語とヘブライ語の間にも存在するであろうが、そのような類似性は、どのような言葉においても存在し得る偶然的なものなのである。

たとえば、川守田は、日本の天皇の昔の表現である〝ミカド〟という言葉は、古代ヘブライのガド族（gad）に由来すると述べている。それが〝ミガド〟となり、〝ミカド〟の語源になったと説明する。しかし、事実においては、このユダヤ種族におけるガド族は、ヨーロッパから見れば最もアジアに遠い地帯に位置していた種族であった。位置的には日本に最も遠い地域に居住していた。それは、二千年ないし四千年昔のことである。

　おそらく日本語の起源も、千年以上の歴史を持っているであろう。言葉というのは元来単純に発音するようになっていく傾向がある。

　第二次大戦後、日本の言葉も変わり、かなりスラング調の言葉となって変化しつつある。もし、古代の神武天皇が話していた日本語を現代の日本人が町の歩道の上で聞いたとき、おそらくだれもそれを理解することができないだろうと思う。発音自体が違ってしまっているからである。このような言葉の変化について、川守田は一切の考慮を払っていないのである。たとえば現代ヘブライ語の〝ハ〟という言葉は、ドイツ語のCHの発音に似ている（ハとフの間）。しかし、古代ユダヤの言葉においては、三種類の異なった〝ハ〟の発音が存在していた。しかし、現在のヘブライ語においては、この三種類の異なった発音を持つ〝ハ〟は、ほとんど同じように発音するのが普通である。このようなヘブライ語の持つ特徴について、川守田は何らの考慮も払っておらず、すべて同じ〝ハ〟として認めているのである。

　現在においては同じような発音であっても、二千年前のヘブライ語においては、非常に大きな発音上の違いがあったものもあるのである。それは同じようなヘブライ語の文字で書かれていようとも、それについての発音は非常に異なったものだったのである。

沖縄の方言はヘブライ語に近い

このような点から見て、川守田の持つヘブライ語の知識は、きわめて貧しいものであるといわなければならないのである。

川守田が日本の民謡を研究したということは、何の間違いも含まれていなかったのかもしれない。おそらく彼の研究は、日本語の中に含まれている外国語的要素を指摘するという点においては正しかったのであろう。

このような形の研究は、だれが行なっても私としては非常に歓迎すべきものと考えられる。しかし、川守田の研究においては、その結論があまりにも性急に、近視眼的な立場から行なわれているという欠点が認められるのである。

彼の本は二十五年前に書かれたものであるが、現在においては、もはや川守田の研究について真剣に考慮を払う研究者は存在していないのである。現在においては、だれも彼の意見に同調するものはいない。しかも彼の研究から何の学問的貢献も期待する学者は存在していないのである。つまり時間こそが学問的研究の成果をテストする最も貴重な存在なのである。

もし、川守田の研究に何らかの真実が含まれているとしたならば、彼の学説は、この時間のテストに耐え抜いたはずである。時間の経過とともに、彼の本は忘却のかなたへと消えてしまう運命にある。だから、われわれユダヤ人は、そのことが真実であるかどうかをテストするときに、時間によってテストすることを好むのである。

もし、何かが非常に長く存続し続けているとしたならば、そこには何かの真実が含まれているからである。また、もしもそれが無視され捨て去られてしまうのであれば、その中には真実が含まれていないからなのである。

ここで私が述べたいことは、私自身の調査によれば、沖縄地方の方言こそは、古代ヘブライ語に最も近い構造を持っていると思う。日本の民謡の中に見られるはやし言葉のヘブライ語との類似性よりは、沖縄の方言こそがより近い関係にあるということがいえるのである。沖縄の方言では、母音はA・I・Uとわかれており、EとOはあとから沖縄の方言に現われたということである。この関係は古代ヘブライ語の母音の発生についても同じような関係が認められるからである。

A・I・Uという三つの母音は、古代ヘブライ語において用いられた母音だったのである。だから、発音からいえば、沖縄の方言はより古代ヘブライ語に近い発音構造を持っているわけである。

しかしながら、私はこれ以上その問題を研究していないので詳述は避けたい。

五　絹の道と絹の人

（アルゼンチンで発掘されたユダヤ文化独得のメノラが彫られた遺石）

東洋と西欧世界を結んでいた古代の通商路はシルクロードである。そして、このシルクロードに対してわれわれは限りないロマンチックな幻想をいだき続けてきた。

だが、このシルクロードの主役である商人については、あまり考慮されていない。

古代ローマ時代に〝絹の人〟と呼ばれたのは他ならぬユダヤ人であったという歴史的事実は案外知られてはいないのではないだろうか。

絹と古代ユダヤ人

〈正式な歴史が書かれはじめるはるか以前に、日本にはユダヤ人が訪れて深い文化的影響を現在にまで及ぼしている、ということに関する何冊かの本がすでに出版されていることについてはすでに触れた。しかし、残念ながら、現在に至るまでこれらに対する学問的な評価や考古学的な立証はなされていなかった。

このような研究者たちが犯した罪は、彼らの発見したユダヤ的と思える史実が、他の確実な証拠によって比較検討されていないという点にある。

そこで、われわれは古代ユダヤ文化と日本文化が、何らかの形で関係があるとしたらという仮定に立って、できるだけ広い視野に立って、できる限りの歴史的事実を相互に比較検討してみたいと思った。

こう考えると、古代ユダヤと日本との間に何らかの交渉があったとしたならば、それを結びつける唯一のルートは、シルクロードであることは明らかである。

シルクロードについては、本書の冒頭で触れたが、ここで少し徹底的にシルクロードに関して検討してみたいと思う。

この絹の道についてのユダヤ側資料は、どのようなことを物語っているのであろ

うか。〕

日本文化の起源とその歴史的な影響は、それ独自に研究されるべき問題である。たとえば、日本家屋が寒冷地である日本の風土に一致しないから、日本民族は南方から移住した民族であるという説を立てる学者も存在する。その他、古代日本人におけるシナ、モンゴリアなどからの影響も研究されている。歴史は、非常に多くの時代を経過しているのだから、文化的な影響は何回にもわたって及んだことは、考えられる。

しかし、中央アジアを経由して中国または日本へ移住してきた人種的影響を討論するとき、決してユダヤ人を除外することはできない。なぜならば、シルクロードについて語ることは、そのままユダヤ人について語ることになるからである。

なぜかというと〝絹の道〟という言葉自体が、ユダヤ人を意味しているのである。古代中央アジアにおいて、絹の通商はユダヤ人によって独占されていた。絹の貿易商人と絹を加工する職能技術者のすべては、ユダヤ人だったのである。それは、二千五百年以上の昔のことである。

〔古代ローマ帝国において、絹は非常に価値のあるものとされ、絹の目方は、黄金の目方に匹敵するものとされた。ローマ皇帝の衣服は、紫色に染められた絹でつくられていたと伝えられている。〕

当時の西欧社会において絹を貿易し、その加工に従事していた技術者の住む都市は、すべてユダヤ人によって作られていた。
それは古くからユダヤ人の仕事として知られていたものである。だから、当時の西欧社会では、絹という言葉はユダヤ人の代名詞だったのである。その意味からいって絹の道とはユダヤ人の道という意味と同じなのである。

古代旅行者の心理

〔そのようなことを記録したものは研究されていないのだろうか。〕

シルクロードにおけるユダヤ人の商業活動の歴史については、まだ充分な調査研究がなされていない段階である。そうした調査研究がなされなかった原因には、いくつかの理由がある。

第一に、シルクロードの考古学的な研究に従事する学者たちの多くが、古代へブライ語およびアラブ系の言葉を原資料から直接読むことができないという語学的なハンディキャップによるものである。そのために、これらの研究者たちはギリシャ、ローマなどの資料に偏よったキライがある。

ついで、シルクロードは、その中央部分が現代文明の遠く及ばない地域にあり、特に共産圏内の地域については調査研究が非常に困難であるという点である。

さらに、アラブ文化圏に属する各地方は、（中近東からパキスタンに至る）数百年来考古学的調査についてほとんど関心を払うことがなかった。現代の自然科学的な研究方法については、これらの地方の人たちはあまり熱心ではないのである。

このような理由のために、シルクロードの大部分は、現在でも考古学的な見地から見て、処女領域としてとり残されているのである。そして、多くのヘブライ語の資料は、無視されたまま、放置されているのが現状なのである。

ここで考えていただきたいことが一つある。現在からさかのぼること二千〜三千年の昔に、西方の世界から東洋へとはるばる中央アジアを通って旅行した人たちの心理についてである。

たとえば、古代ギリシャ時代において、どのような資質をもった人たちがシルクロードを通ってはるかかなたの東洋へまで旅行することが可能だったのだろうか。また、古代エジプトの時代においても、どのような心理をもつ人々がこのような大旅行が可能だったのだろうか。さらにまた、古代バビロニア時代、アッシリアの時代においても……。

〔考えてみると、古代ギリシャ人たちは彼らの神々や女神たちを、その居住地にそびえるオリンポスの山の頂に住むものと深く信じていた。〕

古代世界では、大規模な軍隊による遠征が行なわれた。たとえば、アレキサンダー大王のような征服者は、歴史上におけるそのような例の一つである。だが、こうした集団行動ではなく、個人としての旅行者は、それほど遠くまで旅行するのは不可能であるのが普通だった。古代人の心理から言えば、彼らが先祖代々住みついている土地を離れることは、不可能なことであった。それは、運命に反抗することであったからである。

なぜなら、彼らがその土地を離れれば、もはや彼らの神々は、彼らの運命を守ることはできないからである。つまり、自分の住んでいる地域以外は、危険な土地であったのである。

こうした古代社会において、自分たちの居住する土地に拘束されずに動きまわることのできた唯一の民族はユダヤ人だったのである。

ユダヤ人だけが、世界を創造した唯一の神を信じていた。だから彼らは、興味のおもむくままにシルクロードを通ってはるかかなたの国々へまで旅行しても、常に彼らの神は旅行者を保護することができるのであった。

〔古代エジプトの宗教は、ナイル河と切り離して考えることはできなかった。〕

古代の宗教は、地理的に限定されていたのである。しかし、ユダヤ人だけが、そうした考え方には拘束されずにいたのである。

〔唯一神を創造したユダヤ人の秘密はどこにあったのか。〕

ユダヤ人の先祖であるアブラハムは、偉大な宗教的天才であった。

当時の人間は、背の高い人、低い人、やせた人、ふとった人、男、女、白人、黒人、知恵のある人、知恵のない人などといったように、個人個人を別々のものと考えていたが、ユダヤ人だけが人間はすべて共通であるという観念に到達していた。

人間に区別をつける民族はさまざまな神を創りあげたが、人間はすべて共通であると考えるユダヤ人の考え方は、昼と夜の背後にあって、宇宙すべてを創りあげた唯一の神という考え方をごく自然にうみ出したのである。

そのために、古代ユダヤ人たちは非常に広い心をもった人たちであった。つまり、現代的にいえば、国際的な人間であったのである。このような状況を考えるとき、古代世界における唯一の大旅行者、通訳者、貿易商人としての理想的な資質をそなえた民族は、ユダヤ人以外には存在しなかったのである。

古代ギリシャ、ローマ、アッシリア、バビロニアなどの人々は、例外なく彼らの土地を離れて個人として単独の旅行を遠くまですることは不可能な人たちであった。

旧約聖書によっても、ユダヤ人は始めメソポタミアの地におこり、次いでイスラエルに移住し、さらにエジプトに旅行したことが記されている。また、旧約聖書の民数記にもくわしい地理的な記述がある。このように、旧約聖書の最も古い記述が地理的な描写から始まっているということは、大変象徴的なことである。

だが、これはユダヤ人の心理からいえば、きわめて自然ななりゆきであった。

無視されたヘブライ語文献

〔古代ユダヤ人の旅行者としての特質は、理解できた。では、現在どのようなヘブライ語による文献が、考古学者に無視されているのか。〕

旧約聖書をよく研究する必要がある。古代ギリシャ時代、シビル（SYBYL）という人物がいた。彼は歴史学者、地理学者として有名な人物である。

紀元前二世紀に書かれた彼の文章には、世界中どこへ行こうともユダヤ人の集団に出会ったと述べられている。これは、民族としてのユダヤ人が離散する以前の記述であることに注目されたい。

古代ローマ時代の記述には、ローマ人たちが述べていた固有名詞について注目する必要がある。特に、絹の通商に関してローマ人たちが述べたさまざまの固有名詞には、ローマ人の名前ではなく、またラテン語によるものでもなく、ヘブライ語系のユダヤ人の名称が使われていたことである。

これらの人々は、ローマの市民であったかもしれない。しかし、ユダヤ系ローマ市民なのである。つまり、ローマ人が旅行したのではなく、ユダヤ系ローマ人が大旅行を行なったのである。

〔古代ローマ時代に書かれた絹の人とは、ユダヤ人を意味していたのであろう。これはヘブライ語でどのように表現するのか。〕

絹〔旧約聖書エゼキエル書十六章十節および十三節に絹〔絹のきれ〕が記述されている〕は、ヘブライ語でメッシ（MESHI）と呼ばれ、これはおそらく一人のユダヤ人の名前からとられた名詞であると考えられている。

このユダヤ人メッシが、ローマ時代における絹の通商路を確立して、絹の産業を創始した人物であったのだと考えられている。

〔それは、バビロニア時代よりも古いできごとだったのか。〕

その通りである。シルクロードの研究に従事する考古学者たちが、ヘレニズム文化の影響を受けたさまざまの人物像や衣服の片々を発見している。

ヘレニズム文化といったとき、一般の反応は直ちに古代ギリシャ人にむすびつけるが、これはきわめて表面的な理解であるといわなければならない。

ここで、古代ユダヤ人の宗教および思想に関する概念を検討してみる価値がある。それは心理的な人格の深みからおこってくるものであるが、表面的な身につけるもの、つまり衣服はユダヤ人特有のものはなかったのである。

ユダヤ人たちは、どの時代においても当時の流行した衣服を身につけるのが習慣であった。しかも、その時代における最も進歩した技術によってつくられた衣服を採用するのが当り前だったのである。

たとえば、現在あなたは私と話をしているが、私の着ている衣服は普通の洋服であって、特別のユダヤ的特徴は、頭にかぶっている小さな帽子を除いては何も着ていないことがわかるだろう。

このような理由から、古代ギリシャ時代にシルクロードを旅行したユダヤ人の絹商人たちは、おそらく当時のギリシャ人と全く同じ服装をしていたと推定されるのである。そのために、外見的なものによってユダヤ人でないと断定することはできないのである。

だから、この人物の名前と心の中を知ることなしには、ユダヤ人であるかどうかの識別は不可能だったのである。

古代中国においては、紀元前三世紀から西暦三世紀にわたる漢王朝において、すでに中国各地にユダヤ人の居留地があったことが、古代の石碑に刻まれた記述から判明している。

当時、中国に在住したユダヤ人たちは、シナ語を用いてユダヤの祭式を行なっており、ユダヤ教会堂を建設し、独自の学校組織をもっていたことが判明している。

このようなことから、シルクロード全域にわたってユダヤ人の足跡が認められるのである。

繊維業とユダヤ人

〔ほかに、シルクロードにおけるユダヤ人の活動を証拠だてるような文献はないのか。〕

紀元五世紀ないしは六世紀ごろに書かれたアラビア語の文献がある。これは、長期間にわたって考古学者から無視されていた資料であるが、この文献においてアラブ人は、ユダヤ人が絹の加工技術をもっていたこと、絹の商人であったこと、および彼らの出発地と貿易におとずれる都市の名前を記述している。

また、紀元八一七年に、著名なアラビア人地理学者アブル・カシム（ABUL KASIM OBAIDELLAH IBN KHORDEDHLEH）がシルクロードについての記述を行なっている。

こうした資料のもつ価値が学問的に再検討されれば、将来画期的な研究が行なわれるようになるだろう。

この学者は、非常に正確な記述をしており、従来かえりみられなかったような諸点についての注意深い記述を残している。

彼の記述によれば、紀元七百年前後、ヨーロッパからアジアへ旅行した商人は、すべてユダヤ人であったと述べている。つまり、シルクロードの唯一の旅行者はユダヤ人だったのである。

かれはまた、ユダヤ人の貿易商人としてのすぐれた特質についても述べている。ユダヤ人は、文化的にすぐれており、多くの言葉を話すことができ、各地の風俗・習慣にうまくとけこむことができる、と述べている。

このアラビア人の地理学者によれば、絹の道は四つの経路に分けられており、その出発点はフランスであり、終着点は中国およびさらに東方の国々にまで及んでいたと述べられている。

これらの絹の道の四つの経路は、ユダヤの絹商人によって完全に知りつくされたものであり、当時のユダヤ人はヘブライ語のほかにアラビア語、ペルシア語、ラテン語、フランス語、ロシア語などを流ちょうに話していたと述べられている。

ユダヤ貿易商人は、どこで何を仕入れ、それをどこにもっていって売ればよいのかのきわめて豊富な商業情報にもめぐまれていた。

また、このアラビア人地理学者は、ユダヤ貿易商によってひきいられた船団が、どの港に寄港するのかについても述べている。つまり、ユダヤ人は陸上の経路と海上の経路を経て、きわめて広い範囲にわたる彼らの通商路を確立していたのである。

また、当時のユダヤ商人が貿易した商品名についての記述もみられる。ユダヤ商人がヨーロッパからシナへ輸出した商品は、カスタード（牛乳と鶏卵に砂糖、香料などを加えて焼いた食物）、毛皮、テンの毛皮、奴隷などであり、彼らが東方世界からヨーロッパへもたらした品物は、樟脳、シナモン、薬、香水、木綿、ベルベット、ジュウタン、壁掛けなどであり、さらにユダヤ人の手によってヨーロッパへもたらされたものにオレンジ、アンズ、砂糖、米、白檀の木、キャンデイ、スリッパ、敷物、ソファ、ライラックなどがあった。

また、ユダヤ商人によってもたらされた言葉には、タリフ（関税率）、バザール（市場）、バゲッジ（小包み）、ピル（丸薬）などがある。

そのほか、ユダヤ貿易商人によってヨーロッパで創設された産業には、染色技術および木綿の加工業などがある。

また、二千年前のシナの文献によれば、漢の時代に中国を訪れたユダヤ人が、木綿と木綿の織物を招来したことが記述されている。その他、ユダヤ人によって染色技術が中国へもたらされたことが記述されている。

また、刺繡《ししゅう》の技術もユダヤ人によるものであると述べられている。

このように、絹と木綿の貿易と加工は、ユダヤ商人によって独占されたものだったのである。

現在でも、ニューヨークにおける繊維業者は、ほとんどがユダヤ人によって占められているのである。

ユダヤ人と繊維製品に関する歴史的なつながりは、二千年以上もの時間にわたっているのである。先に述べたアラビア人の地理学者の記述によれば、ユダヤ人は貿易商兼探検者であったことが明瞭に述べられているのである。そして、この絹の通商路の各地に散在していたユダヤ居留地には、ユダヤ学園が設置されていたのである。

さらに考古学者たちの発見によれば、シルクロードの全域にわたって貨幣の使用があったことが認められるという発見がなされている。この貨幣が使用されていたという事実は、その背後に非常によく発達した通商網が存在していたことを示すのである。

中世初期のヨーロッパにおいては、コインの使用は一般的ではなく、物々交換が主であった。コインは抽象的な概念によって生み出されたものであった。しかし、ユダヤ人は、非常に古代から貨幣の使用については熟練していたのである。

これは、ローマ時代以前にすでにユダヤ民族の間に認められた考え方である。先に述べたタルムード法には、コインの重量がどれだけあれば通用可能かどうかということについての記述が認められることである。これは、コインを二つに割って使うということを禁止するためにあったのである。

大航海時代のユダヤ人航路案内者

ここでさらに追加したい点は、中世の非ユダヤ的旅行者によって記述された資料についてである。

紀元八世紀ごろ、ユダヤ人学者はセイロン島（現在のスリランカ）に天文観測の器具を設置したという記録が残されている。

また、ヨーロッパ社会において最初にシナのことについて書いた人物は、やはりユダヤ人であった。

そのほか、コロンブスやバスコ・ダ・ガマが活躍した歴史上の大航海時代の開拓者は、常にユダヤ人の航路案内者（ナビゲーター）を伴っていたのである。

地図をつくりあげたのは、ユダヤ人であったという事実を忘れてはいけないし、中世においてユダヤ人の器具と呼ばれていた航海用の器具（アストロラーベ）は、すべてユダヤ職人によって製造されていたのである。

〔このようなユダヤ人の職人によって作られた各種の器具は、数多くの迫害によって、現在あまり多く残されていないようだが。〕

その通りで、全く残念なことである。ユダヤ人旅行者たちは、当時の中世以前の世界において最も進歩した器械を用いて大旅行を企てた人たちであった。

しかし、彼らはまたどこへ行こうとも、ユダヤ人であることの独自性を保持していたのである。ということは、つまりユダヤ人はいつも孤立した存在であったということである。

一般の人間は、孤立した人間を尊敬はするが、同時にこうした人物をそねみ、迫害するも

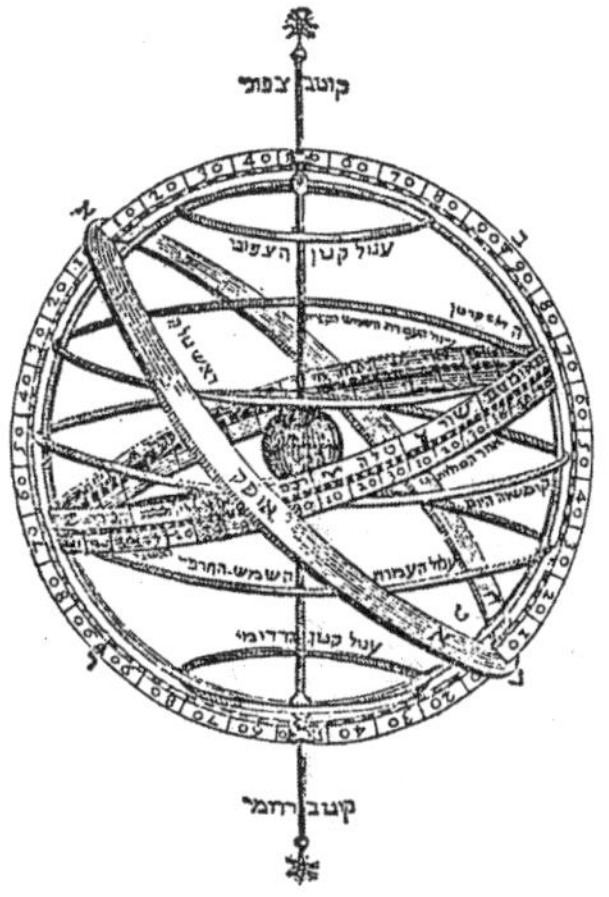

アストロラーベ

のである。

宗教が一般化した時代にユダヤ人の目から見れば野蛮で教育のない、単純な頭の持主であったキリスト教徒たちは、われわれユダヤ人に対して冷たい目を向けたことの理由もよくわかる。

キリスト教がヨーロッパへ広まり、ユダヤ人たちに改宗を迫った時代に、ユダヤ人たちの多くはシルクロードを経て東方世界に向かったのであった。

その理由として、アジア民族の間には文化的な多様性を許す心のゆとりが存在していたからである。アジアにおいては、回教徒であろうとも仏教徒であろうとも、お互いに関知しないという雰囲気があった。アジアには、改宗を強要する社会的な動きは見られなかったのである。

〔アジア人は、より現実的な態度をもっていたといえよう。相手がよい人間であれば宗教にかかわらず一緒に暮してもさしつかえがなかった。〕

その通りである。全世界を一つの宗教によって統一しようとする強い願望は、アジアの人々にはそれほど強くは認められなかった。

〔西欧社会においては、ユダヤ人に対してキリスト教への改宗を迫る強い圧力があったので、ユダヤ人はますますその団結を強化していった。これに反して、アジアにおいてはユダヤ人集団の宗教があまり強い関心を引くことがなかった。そのため、かえってユダヤ人の独自性に対する意識がうすれて、数千年の経過のあとでユダヤ人の文化は、巨大な中国の文化の中にのみ込まれて消滅していったのではないだろうか。〕

それも一つの見解である。

もう一つ、シナ系ユダヤ人が消滅した理由の一つとして、ユダヤ人は文化的に完全な孤立状態では永続できないという特徴がある。シルクロードのような文化の交流する道がある限り、ユダヤ人はどのように遠い世界の果てにいようとも彼らの独自性は保たれているが、こうした文化通路が一たび閉ざされて、ユダヤ生活の主流から切断された状態では、しかも宗教的に自由な風土では、ユダヤ人の独自性を保ちつづけることは困難だったのである。

しかし、いかに遠くへだたった土地にいようとも交易がある限り、ユダヤ人は永続ができたのである。

アジアのユダヤ人居住区

このようにして古代中央アジアに住んだユダヤ人たちは、ユダヤの伝統的生活を維持し、絹商人によってもたらされる情報を受け、その地方の情報を絹商人たちに与えて、互いに情報交換をしたのであった。

有名なアラブ人旅行者スラ・メイン（彼をユダヤ人だと述べている文書もある）によれば、西暦九百年頃、シナの東海岸で二人の旅行者が偶然出会い、ヘブライ語で話し合ったことが述べられている。その場所は広東《かんとん》であり、つまり、これは当時の広東にすでにユダヤ人が居住していたことを示しているのである。

現代の中央アジア研究者スタインなどによれば、西暦九世紀頃に書かれたと推定されるチベットにおいて発見した中国語の手紙の形式をもつ古文書の中に、スタイン自身が判読できない文字が含まれていたと報告されている。それは、ヘブライ語だったのである。

このような資料から推定してみると、当時のチベットにただ一人のユダヤ人居住者がいて、その手紙を書いたのだとは信じがたいことである。おそらく、それはユダヤ人居住区があって、そこに残されていた手紙の断片であったろうと推定するほうが、妥当なのである。

このほか、アラブ人旅行者によっても、西暦九四一年頃のチベットには、ユダヤ人居住地があったという報告があって、スタインの資料が裏づけられるのである。

一九五〇年頃、アフガニスタンにおいて学術的な発掘が行なわれた時、一つの墓地の跡を発見した。これは、古代の絹の道が通っていた地帯であった。発掘者は、この墓地跡から解読不能な石碑に刻まれた文字を発見したが、考古学者の一人は、それが古代へブライ文字であることを認めた。

そこで、石碑の上に刻まれた名前を調べてみたところ、それはチベット地方に住んでいたユダヤ人たちと同じ系統に属する名前であることがわかったのである。

また、中国の開封《かいふう》に居住していたユダヤ人集団もまた、これと同じ系統に属する名前を持っていることがわかった。たとえば、エズラ、オバヤ、アブドゥーラなどのスペイン語系のユダヤ名、つまりセハルジック系のユダヤ名がその代表的なものである。

おそらく、これらの名前をもったユダヤ人たちは、中近東ペルシア地方を経由して中央アジアからシナにまで移住した人たちであったと推定されるのである。

紀元前七七二年にアッシリア人たちによってユダヤ民族の十二種族のうち、その大部分にあたる十の種族が強制的に追放されたという事実が残されている。これらのユダヤ人たちは、初めアッシリアの奥地に移住させられたのである。これは、アッシリア民族がユダヤ民族が強大になることを非常に恐れていたからである。このことから、紀元前七百年頃において、多くのユダヤ人がシルクロードの一角にあるアッシリアの地に居住していたことは確実なのである。そして、こうした追放期間中における困難にもかかわらず、少数のユダヤ人たちは、東方へ向かって移住を続けていたであろうこともほぼ確実なのである。彼らは、地上の敵であるアッシリア人から遠く離れた場所に地上の天国を求めてその移住を続行していたのである。

おそらく、これらの種族が残したであろう遺跡の一つである石の彫刻が中国において発見されており、しかもそれは中国的なものではなく確実にセミティック文明の影響を受けており、約二千年前に作られたものであることが確認されている。おそらく、これはほぼ百パーセントに近い確率で、ユダヤ人が彫刻したものであろうことが推定できるのである。

中国に呑みこまれたユダヤ民族

(旧約聖書イザヤ書第四十九章十二節には、次のように書かれている。

〝見よ、人々は遠くから来る
見よ、人々は北から西から
またスエネの地から来る。〟

ある学者によれば、このスエネの地とは、シナ、つまり中国を指すと解釈されている。」

ロマンチックにものごとを考えたがる人たちにとっては、スエネの地は中国であると思われるであろう。

ヘブライ語でシムは、シナのことである。このヘブライ語の語源がどのくらい古代にさかのぼることができるか、推定は困難である。しかし、シムまたはチャイナは、全世界的に用いられている言葉である。

現代のヘブライ語学者によれば、このスエネの地は、おそらくナイル河の上流にあるアスワン地方を指すのであろうという解釈が主流になっている。

現代、もっとも有名なユダヤ人の歴史学者、コロンビア大学のバロン教授によれば、シルクロードを旅行したユダヤ商人たちが用いた土地の名は、現在ではほとんど忘れ去られてしまったと述べている。

たとえば、紀元九四一年に回教徒の旅行者であるアブドラがチベットを訪れた時、多くのユダヤ人と会ったことが記述されている。

また、紀元七〇八年にシナの西域地方トルキスタンにアラビア人旅行者が訪れたとき、ヘブライ語の文献を発見したことも述べられている。

当時のシルクロードの隊商路を結んでいた各都市には、多くのユダヤ人が居住しており、そこで彼らはユダヤ文化の主流となる地域からの旅行者からさまざまの情報を受けとっていた。しかし、時代が下がるにつれて、ユダヤ人の生活の中心は、ますます西方に移動し、ヨーロッパに向かったので、ユダヤ人研究者たちの関心も主としてヨーロッパにおけるユダヤ人の歴史に対して行なわれるようになったのである。

現在からほぼ千年前の東方世界、特に中国に在住したユダヤ人の集団は、ヨーロッパにおけるユダヤ人の生活の主流からは完全に切り離された存在となっていたのである。当時、シナもアラブ回教諸国も一種の鎖国政策をとっており、それぞれの文化圏の中に閉じこもっていた。その結果として東方世界におけるユダヤ人の歴史研究は、現在でもほとんど実施されることのない困難なテーマなのである。

〔シナの開封におけるユダヤ人居留地は、歴史的事実として確認されており、その資料も数多く残されている。〕

開封におけるユダヤ人の集団は、十九世紀まで存続していた。ほぼ千年以上にもわたる隔絶された生活にもかかわらず、これらのシナ系ユダヤ人たちは、ユダヤ文化の特徴を持続しつづけたのであった。

開封のユダヤ人は、イエズス会の宣教師によって発見されたものである。当時、開封を始め中国全土には約二十にもわたるユダヤ人居住区が存続したが、現在ではそのすべてについて、何らの痕跡も残されてはいない。それらは完全に失なわれて、広大な中国がそれらのすべてを呑み込んでしまったのである。

シナ系ユダヤ人

〔現在の台湾には、シナ系ユダヤ人の末裔は存在していないのか。〕

私は個人的に、おそらくただ一人のシナ系ユダヤ人の子孫を知っている。彼は中国本土で生まれ、祖父によって教育された。当時、彼は叔父に伴われてシナの各地にあるユダヤ人集団を訪れた。しかし、それらのシナ系ユダヤ人の大部分は、一般市民の目につかないように隠れて生活していた。

そのために、お互いにシナ系ユダヤ人の子孫であるならば、そのことを知らせあう秘密の暗号をもっていた。

彼は子供のころ、シルクロードを通ってイスラエルまで徒歩旅行をしたことがあった。

これは彼が二十歳になる以前のことである。その後、日中事変が始まり、続いて中国共産党による革命が発生した。彼は、蔣介石軍と共に中国本土を脱出し、台湾の台北市へ移住した。それは、一九四五年のことである。

彼が中国大陸から脱出して船に乗る時、一つの旅行カバンにシナ系ユダヤ人であることを示す先祖から伝わっている数々の遺品を収めていたが、それは乗船する時に海中に落ちて、そのすべてが失なわれてしまったのである。その中には、彼の家系図も含まれていたのだ。私が彼を発見した経過は、非常におもしろいエピソードである。

彼は台湾に渡ってから軍隊にはいった。そして空軍大佐になっていた。彼は、自分の軍隊記録に、自分の第二の国語としてヘブライ語と記入していたのである。私は、これをきっかけとしてシナ系ユダヤ人の彼と接触することができたのである。

彼の家族名は周というシナ名であり、ヘブライ語ではシンという非常に一般的なユダヤ名である。

私がこの人と台北で会ったとき、彼はシナ系ユダヤ人についての歴史とその業績についての本を執筆中であった。彼は現在では軍隊を退役しており、台北大学の教授をしており、一般のユダヤ人と同様に多くの外国語、英語、シナ語、日本語、アラブ語、ヘブライ語などを自由に話すことができる。

このようなところにも、ユダヤ人としての特徴的な資質を認めることができるのである。

私は現在でも彼との文通を行なっている。彼の話によれば、現在でもシナ系ユダヤ人たちは、回教徒の中に隠れて中国本土で生活しているとのことである。回教徒の数は、現在中国には数百万人もおり、回教徒の食事の規則はユダヤ教のそれとよく似ているからである。

ヘブライ語とインドの方言

〔南アフリカのラビであるラビノビッツは、ユダヤ人旅行者・貿易商人についての研究をしているときいているが。〕

現在、ラビノビッツはイスラエルに住んでいる。

彼は一九四七年にロンドンで自分の著書を刊行した。彼の研究は、シルクロードにおけるユダヤ人冒険者とその商業活動についてであった。

ラビノビッツは、時々個人的に私に手紙を寄こすが、私は去年の夏に、はじめて彼と会った。われわれは、双方とも古代シナと日本におけるユダヤ文明についての問題に興味をいだいていたからである。

〔現在、私は手許に『新ユダヤ百科事典《エンサイクロペジア・ジュダイカ》』を持っている。この本は、一九七一年にイスラエルにおいて発行された十六巻より成るユダヤ文化の結晶といえるものだが、私はその本の中に、トケィヤー氏の名前を発見した。〕

私自身、『ユダヤ百科事典』に寄稿を求められたとき、非常に名誉なことだと考えた。そのとき、私はまだ二十歳台であった。私は、この百科事典のために四つの論文を書いたのである。それは、中世ヨーロッパ社会におけるユダヤ人学者の生活についての論文だった。そして、今述べたラビノビッツは、この百科事典の編集者の一人だったのである。
また、この百科事典の年表、年鑑刊行物には、日本についての論文も含まれている。
〔最近私はユダヤの神秘思想についての本を書いた。(『ユダヤの神秘思想』新人物往来社刊、昭和四十九年)その中で、中世スペインの都市、たとえばグラナダとかコルドバなどに興味をひかれた。当時のユダヤ人学者のモーゼス・マイモニデスの弟は商人であり、インドまで貿易旅行に帆船でおもむく途中、遭難して死亡したという事実がわかった。このことは、中世ヨーロッパのユダヤ人がいかに活発に東洋の国々と貿易関係をもっていたかということの証明にもなる。〕
モーゼス・マイモニデスは、ユダヤ人の長い歴史の中でも、五人のうちの一人に数えられる聡明な学者であり、精神的な指導者であった。
〔スペインのアンダルシア地方の港マラガには、古くフェニキア時代からの貿易港として知られていた。マラガには、西暦紀元前にすでにユダヤ人居留地があり、彼らの中には富裕な絹商人のいたことも確認されている。〕
宝石のサファイヤという言葉の語源はヘブライ語サピールから由来したものである。古代のユダヤ王国ソロモン王は、その海軍をインドに派遣した。これは三千年以上も昔のことである。
このため、ヘブライ語のいくつかはインド語の中に、またインド語のいくつかはヘブライ語の中に残ることになった。たとえば、ターキー（七面鳥）という言葉はヘブライ語のタキとして残っている。当時、古代イスラエルには七面鳥は存在せず、インドが原産地だったのである。

また、紀元一世紀にはインドにユダヤ人によってつくられた都市が出現していたという史実もある。

刀筋教の秘密

〔マルコ・ポーロの書いた『東方見聞録』の中には、なぜフビライカーンがキリスト教信者にならなかったかの理由が述べられている。それは、世界中の人間は、四人の賢者、キリスト、マホメット、モーゼ、仏陀をあがめており、フビライカーンは、これらの四人をすべて尊敬はするが、その一人だけを特別にあがめることはできないという理由だったそうである。

この他、マルコ・ポーロはフビライカーンの宮廷には外国人の顧問がおり、その中にはユダヤ人も含まれていたことが報告されている。〕

アラビア人旅行者シャーレメーンもイザクと呼ぶユダヤ人の大使がシナに存在したことを述べている。つまり、これは当時の中国には多くのユダヤ人が存在したことを示しているのである。

〔開封に住んだシナ系ユダヤ人たちは、自分たちの宗教を刀筋教と呼んだ。多分、これは旧約聖書創世記三十二章三十二節にある、

〝そのため、イスラエルの子らは今日まで、ももつがいの上にある腰の筋を食べない。かの人がヤコブのももつがい、すなわち腰の筋にさわったからである。〟

の文章から、彼らの宗教の名前がとられたものであろうということが推定されている。そこでシナ系ユダヤ人の起源は、非常に古代までさかのぼることが可能だと指摘する学者もいる。〕

腰の筋とは、坐骨神経のことであり、現在でもユダヤ人はそれを食べない。しかし、旧約聖書に現われるこれらの表現は、おそらく一般的な意味をもつものであったろう。記録によれば、シナ系ユダヤ人は、木綿と織物の仕事および染色業に従事していたことがわかる。

〔多くの人たちによって指摘されている事実によれば、京都の西陣織りは帰化系シナ人によって始められた織物の中心であったといわれている。〕

それは秦《はた》氏族のことであろう。

〔ここで再び繰り返すことになるが、前に検討したように京都の太秦《うずまさ》は、秦氏族の

中心地であったと主張する人々がいる。これらの人たちがシナ系ユダヤ人であったという可能性はどうなのだろうか。〕
ユダヤ人は織物の専門家であった。当時、ユダヤ人は特殊技術をもっており、それらは外部の人間に対しては全くの秘密とされていた。これらは、家族内においてひそかに伝授される特殊技術であったのである。
もし、かれらがユダヤ人であったとするならば、このような織物の技術と同時に、文化・言葉・踊りなどもまた同時に日本にもたらされたであろうと推定することはできる。
しかし、それを確証する学問的なものは、何も検討されていない。

中世ヨーロッパのユダヤ商人

〔今まで聞いたような話から、古代社会の大通商路を旅行しうる人間は、ユダヤ人が最も適した民族だったということはわかった。〕
中国やペルシアなどに残された古文書によれば、彼らの国を訪れた最も古い外国人は、ユダヤ人であったと述べられている。
ヨーロッパへ初めてシナの情報をもたらしたのは、ユダヤ人であったし、フランスの王シャレメーン（CHARLAMAGNE）はユダヤ人の政治顧問アイザックをもっていた。

当時、シャレメーン王は、中近東、ペルシア諸国と通商関係をもちたいと希望していた。そこでユダヤ人アイザックは、中近東を訪れ、西暦八〇二年七月二十日にフランスに象を連れて戻って来た。これは、ヨーロッパ人が象を見た最初であった。

西暦八世紀から九世紀ごろのヨーロッパ人は、シルクロードを経て東方世界からさまざまな商品を輸入していた。それらは主として、香辛料、毛皮、米、絹、樟脳、象牙、香水、オレンジなどであった。

フランスの聖ルイ王（LOUIS PIUS）は、西暦八一四年から八四〇年までヨーロッパに君臨した、最も勢力ある王であった。この聖ルイ王の政策には、現代の歴史家、学者たちは想像もできなかったような政策が含まれている。

当時のキリスト教社会では、土曜日が市場（マーケット）が開かれる日であった。しかし、聖ルイ王は土曜日に市場を開くことが大変困難になった。というのは、土曜日は、ユダヤ人にとっての安息日であり、有力なユダヤ商人はすべて土曜日に市場を開くことを拒んだからである。

そこで、聖ルイ王は、マーケットの開催日を変更しようとしたが、これに対して今度はキリスト教徒が強力に反対した。しかし、聖ルイ王とキリスト教会の言語に絶する圧迫にもかかわらず、ユダヤ商人たちは土曜日にマーケットを開くことを拒絶しつづけたのである。

そうした結果、遂に聖ルイ王は西ヨーロッパ地方におけるすべてのマーケット開催日を土曜から日曜日へと変更することになったのである。これは、キリスト教会の法皇の意志に反して行なわれたことであった。この政策によって、西ヨーロッパ人は、ユダヤ人による国際的な通商関係を維持できることになったのである。

絹と宝石とガラス器

〔聖ルイ王時代のフランスは、スペインおよびイタリアの一部にまで拡大された。現在のそれよりもさらに広い領土をもつ西ヨーロッパ最強の国家であった。その国家的政策が、ユダヤ商人たちの影響を受けたということは、大変興味深い歴史的事実である。〕

先程述べたシャレメーン王の息子が聖ルイ王である。シナ、ビルマ、ペルシア、アフガニスタン、サマルカンド、およびトルキスタンに残されたさまざまな記録によっても、ユダヤ商人たちがそれらの土地を経由して通商を行なっていたことがわかる。

さらに、当時のユダヤ人だけがもっていた技術は、古代社会の日常生活には非常に必要とされていたものだった。その技術とは、絹の産業である。シナやブハラ、およびアフガニスタンにおいても、ユダヤ人は絹の通商に関係しており、繊維製品を染色する技術はユダヤ人によって独占されていたのである。中国に残る古文書によっても、シナへ来たユダヤ人たちは、繊維の染色技術をもっていたことが伝えられている。

〔西暦一世紀ごろのローマ人たちは、ユダヤ商人から絹を買い、貴族たちの間では絹の衣服を身にまとうことが流行していたと記録されている。そして、絹は想像を絶するほど高価なものであったらしい。〕

現在のニューヨークへ行ってみれば、繊維関係のビジネスマンの九十九パーセントまでがユダヤ人によって占められていることがわかるだろう。前にもいったが、繊維関係の職業は、数千年の昔からユダヤ人の職業であったのである。

このほかにもガラス器具の生産技術や宝石商もユダヤ人によって大昔から独占されてきたものである。

〔現在、正倉院御物として残されているものの中に白瑠璃碗、碧瑠璃杯などのガラス器があるが、これらの正確な生産地はわかっていないが、おそらくははるばるとシルクロードを経て日本にもたらされた宝物であったろうということは、ほぼ確実なことである。

もし、古代社会でガラスの製造技術がユダヤ人の職能集団によって独占されていたのだとすれば、これらの正倉院御物は、古代日本と古代ユダヤ文明の接触を示す確実な証拠となるのではないか。〕

古代社会においてのガラス器具製造技術は、前にも述べたようにユダヤ人によって独占さ

白瑠璃碗

れた技術であり、これはまたユダヤ家族内における秘密の技術として伝えられたものなのである。つまり、絹と宝石とガラスの三つは、完全にユダヤ人の手によって作られていたものなのである。

そして、この三つに共通する点は、すべて移動可能だということである。これら三つの中の一つが、たとえば羊飼いの技術であったら、どうであったろうか。羊を急速に移動させることは困難であり、これらをユダヤ人が独占することはむずかしかったろう。しかし、絹とガラスと宝石に関するノウハウは、いつでもどこへでも移動することが可能であった。

ユダヤ人は、旅行に関する特別な才能をもっていたというだけでなく、ユダヤ人はどこへ行こうとも生活しうる手だてとしての移動可能な技術を持つ必要性があったのである。

〔聖ルイ王の国家は、神聖ローマ帝国と自称していた。だが、古代ローマ帝国の皇帝たちは、紫色の衣《ころも》を着ていたと伝えられているが。〕

紫色は、昔からユダヤ民族にとっては、神聖な色彩であった。この紫色は、モラスクという海中にすむ貝から抽出された色素によって染色されるのである。

この色素は、ヘブライ語でハラゾン（HALAZON）と呼ばれた。古代ユダヤ人たちは、祈りの時に使うショールをこの色で染めたのである。
〔この色は、ユダヤにおいてどれほど古代から用いられ始めたものなのだろうか。〕
旧約聖書が書き始められた時代には、すでにこの染色技術はユダヤ人によってよく知られたものであった。

古代のタベルナクルの復元図

〔日本の西洋歴史の本には、初めて染色技術を開発したのは古代フェニキア人たちであったと述べられている。どこにも、ユダヤ人については言及されていないが。〕

それは、歴史家たちがヘブライ語による古代文献についての知識を欠いているからである。

旧約聖書には、ユダヤ人たちが砂漠の中で使った天幕（タベルナクル）について記載されているが、このモーゼの時代にすでに見られた天幕は、紫、赤、青、エンディゴ色などに染められていたのである。

つまり、非常に古代からユダヤ人たちはさまざまの色彩を染め分ける技術をもっていたのである。

色彩は、古代ユダヤ教においては非常に重要なものであった。

それによって、ユダヤ人の染色技術は、非常に古代から開発されていたものだったということがわかる。モーゼの時代といえば、現在をさかのぼること三～四千年も昔のことなのである。

〔ユダヤ種族のうちで、天幕を建て、それを修理する特別な家系があったと聞いているが。〕

ベザレル（BEZALEL）と呼ぶ種族がその家系である。

ここで、このベザレル族たちがつくりあげた古代ユダヤの神殿の構造と日本の神社の構造とが、非常によく類似した点があるということについて注目したい。

日本の神社は、釘を使わないで作られると聞いている。これと同様に、ユダヤの移動可能な神殿タベルナクル（天幕）もまた、一本の釘も使われていないのである。

この古代のタベルナクルの復元図の写真を私は持っているが、木組み構造で、お互いの梁がピッタリと組み合わされる構造になっていた。

〔伊勢の皇大神宮が二十年ごとに解体され、新しくつくり直されるという昔からのしきたりは、砂漠の中を移動した神殿が解体され、また組み立てられる関係を暗示するような気持もする。〕

古代の通商とユダヤの律法

〔しかし、残念ながらこうした相互関係を立証できる証拠は、われわれに何も残されていないのだ。

そこで、これらの技術的な面から離れて、ユダヤ人の律法とその活発な国際的貿易商としての活動の関係についてたずねたい。〕

古代社会において非常に遠距離の旅行をすれば、旅行者個人は普通、市民としての権利を失なってしまうのが当り前だった。多くの国境が、そうさせたのである。これが、古代社会での交易関係を困難にした第一の理由である。

たとえば、荷物が失われた時、あるいは帆船が沈んでしまった時、そこに積まれていた莫大な商品の保障をどう求めたらいいのだろうか。

このように古代商人には非常に多くの問題があった。さらに、行く先々の国には、異なった言語と習慣が待ちかまえていたのである。

しかし、これらのすべての困難は、ユダヤ商人にとっては、何の問題にもならなかったのである。それは、これら通商に関する困難は、すべてユダヤの律法であるタルムードによって解決が可能だったからである。

古代中国にいたユダヤ人もフランスに在住したユダヤ人も、全く同じように共通するタルムードによって通商が可能だったのである。どんなに遠く離れた土地にいても、彼らの商業上の困難は、たった一本の手紙によって解決することができたのである。どこで、どんな問題が発生しようとも、タルムードによって公平な裁定が下されることを期待できたのであった。

つまり、ユダヤ人にとっては、さまざまの異なった国々の上に立つ世界共通のタルムードという国際法による商業上の安全保障があったのである。

そこで、シルクロードの中にあった古代都市スーラとプンパディータの存在は、非常に重要な意味をもってくるのである。そこでは、タルムードを刊行しており、ユダヤ学園のラビたちが、さまざまな問題についてどのようにタルムード法を適用したらよいのかの研究をし合い、知恵を絞っていたからである。

だから、シルクロードを通るユダヤ商人は、だれでも商業取引が正しく行なわれることを知っており、遠距離旅行にもかかわらず、安全な保障を求められることを知っていたのである。つまり、不公平によって利益を失うといった恐れは、ユダヤ商人に限っては全くなかったのである。

ここに、ユダヤ商人と非ユダヤ商人たちとの間における比較できないほどの差異を認めることができるのである。

そして、現在では、国際法があるので、タルムードの重要性は、古代ほど重要ではなくなってきているが、古代ユダヤ社会におけるのと同じようなタルムードの精神は、現在でも生きているのである。

現在、私がラビとして東京に事務所を持っている関係上、ときどきタルムードによる商業活動上の裁定を依頼されることがある。このことについては既刊の『ユダヤ　知恵の宝石箱』に述べたが、ユダヤ人ビジネスマン同士の間で意見の対立が起こったような場合、ラビである私が相談にのるのである。

潜伏したユダヤ人・マラノ

〔古代のユーラシア大陸を自由に移動したユダヤ人についてはよくわかった。他に、ユダヤ人の移動についての何かおもしろいエピソードはないか。〕

ここで想い出されるのは、マラノ（MARANO）と呼ばれるスペイン系ユダヤ人の運命である。

中世スペインのユダヤ人は、キリストに改宗したマラノを除き、すべて国外に追放された。しかし、キリスト教徒として生活を続けたマラノは、現在に至ってほとんどユダヤ人的特徴を失ってしまった。

彼らのほとんどは、カトリック信者となってしまった。しかし、これは特殊な信者であった。彼らは互いに親戚同士で結婚しあって、特別なカトリック教徒としての行事をもちつづけたのである。

そして、彼らは二度とユダヤの世界には戻って来なかったのである。

しかし、スペインとポルトガルに住んでいた少数のマラノ集団は、イスラエル国が建国されたとき、すべての財産と地位を投げうってイスラエルに帰化した人々のいたことも事実なのである。

私はこのマラノに関する非常に興味深い、おもしろい経験を個人的に持っている。


〔それは日本の隠れキリシタンのような話なのか。〕

似ていないこともない。二～三年前、私の事務所に沖縄に在留するアメリカ空軍の女性兵士がたずねてきたことがあった。彼女は、東洋におけるただ一人のラビである私のところに来て、ユダヤ教の信者になりたいと申し出たのである。

だが、ユダヤ教のラビは宣教師ではないので、ふつうこうした申し出は断わることになっている。そして、ラビとしては、あなたが育った宗教のままでいたほうが、心理的な安定を保つ上からも好ましいから今のままでいたほうがよいと答えるのがふつうなのである。

大体の場合、ユダヤ教に改宗したいという希望をもつ人は、祖先のうちのだれかがユダヤ人であったという場合が多いのである。そこで私は、彼女に祖先や親戚のだれかがユダヤ人ではないのかとたずねてみた。

しかし、彼女はそのような事実はないとハッキリと断言した。その時の彼女は、ちょっと腹立たしげだったので、私は少し驚いた。

なぜ、あなたはそのようにハッキリ断言できるのかとたずねると、彼女は次のようなことを言ったのである。

「私はアメリカで生まれました。私の育った小さなアメリカの中西部の町には、ただ一人のユダヤ人もおりませんでした。」

そこで私は、なぜそのような環境の中で育ったのにユダヤ教徒になりたいのかとつづけてたずねると、

「私が小学校を卒業する時、その学校ではカトリックとプロテスタントとユダヤ教の三つのうち、どれか一つの祈りをとなえることになっておりました。しかし、ユダヤ人はだれもいなかったので、私は自分から希望して、ユダヤ教の祈りをとなえたことがあります。

そして、私が高校へはいった時、調査表の宗教欄に自分で勝手にユダヤ教と書き込んでしまったこともあります。

その後、私は大学にもはいりましたが、そこでもやはり同じように自分の宗教はユダヤ教であると書き入れましたが、私自身は、別にユダヤ教に関する知識は何も知っていませんでした。」

そして、彼女は、アメリカ空軍にはいったのだが、やはり軍の身上調査書の宗教欄にはユダヤ教と記入したのである。現在、彼女はユダヤ人のボーイフレンドをもっており、彼と結婚したいから、ユダヤ教に改宗するために私の事務所をたずねたというのだった。

私はその話を聞いて大変興味を覚えたので、彼女の祖先はどこからアメリカへ渡ったのかと聞いてみた。

そこで彼女の祖先はスペインのグラナダから来たことがわかったのである。私は、グラナダ市におけるカトリック教徒は、特別な宗教行事をもっていることを知っていたので、あなたの育った家庭では、何か特別な行事を行なわなかったかとたずねてみた。

彼女はしばらく考え込んでいたが、特に何もしなかったけれど、彼女は祖母がやっていたことを一つだけ思い出した。それは毎週、金曜日の夜になると必ず夕食には肉を食べたというのである。（ふつうのカトリックの家庭では、金曜日は肉食を禁じられていて、魚を食べるのがふつうである。）そして、教会の神父は、それはよくないことだと話していたというのである。これに対して、彼女の祖母は、これは私たちの家族が先祖代々続けてきたしきたりであると彼女に話してくれたというのである。

私は、もっと他にそのような変わったことをしていなかったかと、さらにたずねた。すると彼女は、また次のようなことを思い出して話してくれた。

金曜日の夕食後、彼女の祖母は、テーブルの上に二本のローソクをともして、壁にかけられたイエス・キリストの像を裏返しにしていたというのである。

私はその話を聞いて、彼女と彼女の祖母はマラノの子孫であるということがわかった。彼女は、自分がマラノの子孫であるという事実については全く知らないのであった。

歴史的な事実によれば、彼女たちの家系は、西暦一四七九年（この年はスペイン国内からすべてのユダヤ人が追放された年である）からこのような金曜日の行事を秘かに行なってきたのであった。

私は、彼女の話を聞いて、そこに説明のつかない不思議なユダヤ教に関する磁力の働きを感じたのである。この磁力が彼女をして小学生のころから自分の宗教欄にユダヤ教と書かしめていたのである。もちろん、彼女の祖母もまたこの事実については、何も知らなかったのである。

〔そのとき、あなたは彼女に何と言ったのか。〕

私は、そのとき彼女に、あなたは今ユダヤ教に改宗しようとしているのではなく、遠い遠い道程を経て、今あなたはようやく元の家にたどりついたのだ、と説明した。ユダヤ教は彼女の魂のふるさとだったのだから。

〔そのときの彼女の態度は、どんなふうだったか。〕

彼女は、非常に深く安堵し、緊張から解きはなされたようだった。そして、彼女は強い自信をいだいていたようであった。

彼女を見た何人かのユダヤ人は、だれもが彼女を改宗者だとは信じることができなかった。なぜなら、彼女の言葉や考え方や行動が、あまりにも典型的なユダヤ人だったからである。

〔つまり、彼女はユダヤ人の特性をもっていたというのだろうか。もしそうだとすれ

ば、その特性とは具体的にはどのようなものなのか。〕

ユダヤ人は、ふつう非ユダヤ人と接する時に表現しにくい一種の異和感を感ずる。それは、一種独得の冷たさであり、何か疎遠な感じである。しかし、ユダヤ人同士の場合は、非常にリラックスした感じなのである。そのような場合は、われわれは何の壁も感じないで、同じように考え、同じように行動することができるのである。それは一種の磁力かもしれない。だから、それを正確に表現することはたいへんむずかしい。

私は、はじめこのスペイン系アメリカ人の女性と会ったとき、何か説明のできない親しみとあたたかさを感じたのを覚えている。

六　シルクロードに残された足跡

（シルクロードの東の終点であるといわれる奈良の正倉院）

シルクロードの終点は奈良の正倉院であると言われている。この正倉院に眠る宝物の数々は、かつて数千年前に広大なシルクロードを横切って現在の場所におち着いた。このような奇蹟が行なわれたシルクロードには数々の都市が栄えた。そして、その都市にはユダヤ人たちの居留区があり、ユダヤ学園があり、大きなユダヤ文化センターを形成していたという。ここでは主に、それらの跡について話をすすめよう。

シルクロード探検の概略

（日本の作家、歴史家などは、シルクロードについて大変つきない興味を抱いている。多くの文学作品にも、シルクロードに題材をとったものがある。また、日本人の読者も、シルクロードに大きな興味をもっているという傾向がある。

そこで、シルクロードについて行なわれた研究のおおよそをふりかえってみたい。

日本人はシルクロード地帯を西域と呼んでいる。このシルクロードを舞台にした東西の交渉の記録には次のようなものがある。

紀元二世紀ごろに、漢の武帝は中央アジアに大軍を送り、汗血馬を求めようとした。また、西暦一六六年、ローマ皇帝マルクス・アウレリウスの使者・大秦王安敦がシルクロードを通って中国に来た。

紀元三八四年には、西域人の僧・摩羅難陀が百済に仏教を伝えた。

そして、紀元三九九年から四十二年にわたって法顕と呼ぶシナの僧が、インドを大旅行したと述べられている。

くだって、紀元六二一年、長安、洛陽に祆教《ようきょう》（ゾロアスター教）の寺院の建立が許可された。この次の年にわが国の聖徳太子が死亡している。

紀元六三五年、ペルシア人オロボン（阿羅本）が中国に来て、景教（ネストリウス派キリスト教）を伝えた。

その後、景教は中国において非常に繁栄し、紀元七八一年には歴史学者にとって有名な景教流行中国碑の建設がなされた。

この景教は、ユダヤ教ではなかったかという説をとなえる研究者も存在している。

当時のシルクロードの往来はきわめて頻繁なものとなり、紀元七五一年、シナの派遣軍である高仙芝にひきいられた軍隊は、西域のタラス河畔でサラセン軍に敗北したことが歴史的事実として述べられている。

その後十二世紀に至って、有名なジンギスカンによるヨーロッパの大征服が行なわれるのである。

西暦一二七五年、マルコ・ポーロが、シナの皇帝世祖に面会したとき、この宮廷にはユダヤ人の政治顧問がいたと、彼の『東方見聞録』には明記されている。

近年に至り、西域地方はスウェーデン人探検家スウェイン・ヘディンによって探検されたが、彼は地理学者であり、考古学者ではなかった。そのほか、ロシアの探検家コズロフ、ドイツ人探検家ルコック、ペリオなども西域探検者として有名である。

日本人による西域探検は、明治三十年に日本陸軍の参謀本部が中央アジアに調査員を派遣したことが記録されている。

また、明治二十四年には、日本陸軍の古川大佐という人物がペルシャ紀行記を書いているし、明治三十九年には、日野という軍人によってイビ紀行という紀行文が公刊されている。

しかし、本格的な探検は大谷光瑞によって行なわれた大谷探検隊の業績である。これは、明治末年より大正初期にわたって三次に分けて行なわれ、多くの成果をあげた。大谷探検隊の初期の目的は、初期の仏典の翻訳を調査することにあり、ことにウィグル語による翻訳文を求めることであった。つまり、大谷探検隊は、インド語による仏典、またはウィグル語教典を入手するために西域に分け入ったのである。しかし結果として、大谷探検隊は、シルクロードについての考古学的研究を果たすことになった。その発見の中には、ミイランと呼ばれる遺跡において天使像を発見したことが注目されている。

これは、絹の道の天山南路に位置した古代都市の遺跡である。この天使像は、ヘレニズム文化の強い影響を受けていることが指摘されている。その後、スタインが同じくミイランにおいて同様な天使像を発掘した。

スタインの指摘によれば、二つの天使像はインドのガンダラ文化とギリシャ神話におけるアトラス神話から相互に影響を受けていると報告された。そのほか、ミイランの東に位置する古代都市の廃墟楼蘭においてもいくつかのミイラが発見され、そのミイラのはいっていた棺は船の形をしていた。さらに、ミイラのつけていた衣服の断片は、古代エジプトのコプト織と全く類似したものであった。

また、スタインは同地において、ギリシャ神話ヘルメスの像を発見している。シルクロードのもう一つの道である天山北路には、ベゼリックと呼ばれる古代都市があり、紀元五世紀から七世紀にかけてウィグル族と漢文化の中心地であったと考えられている。そこには、多くの石像彫刻があり、絵が描かれていた。これは、ベゼリック絵画として知られているものである。これはまた、大谷探検隊およびルコックによっても調べられている。

ここで興味をひく点は、描かれている人物の表情はシナ人であるが、その着ている衣服はペルシア系のものであったという点である。つまり、ここに東と西の二つの文化の混合が認められるのである。

また、大谷探検隊は、タマリスクにおいて樹下美人像として知られている絵画を発見した。このタマリスクで発見した像は、法隆寺および正倉院に保存されている樹下美人像と全く同一系統に属するものであるという事実がある。

正倉院に保管されてきたこれらの国宝は、シルクロードを経由して運ばれてきたことは、この事実によっても明瞭である。

また、大谷探検隊は、胡服美人図と呼ばれるものを発見している。それには、額の中央に真赤な円が描かれている。これは、スタイン発見の美人図にも描かれているのである。

さらにまた、正倉院の保管されている屏風に描かれた美人図にも、額に赤いしるしのついた美人が描かれているのである。

つまり、これらの発見物と正倉院に残された絵画は対をなすものであろうと考えられるのである。

この発見は、現在に至るまで考古学者たちに多くの影響を与えた。そのほか、額に赤いしるしの描かれた美人図は、古代エジプト王国にも認められ、また薬師像として知られている古代インドの神像にも認められている。

その他、ササン朝ペルシアにおける銀器にも樹下美人像が描かれているし、天山南路の古代都市トルファンにおいても同様な美人図が見つけられている。

このほか、多くの探検がなされているが、大谷探検隊のもたらした遺品は、三つの部分に散逸し、日本と朝鮮と中国の各地に散在している現状である。

これらの研究から東洋へ伝わったヘレニズム文化の影響は明瞭であるが、ユダヤ文化の影響については言及されていない。」

シルクロードは、ユダヤ人にとっても非常にロマンチックな夢をかきたててくれるものである。現在、シルクロードは、ほとんど閉鎖され、利用されていない。シルクロードは、もはや現代世界における主要な通商路ではなくなってしまった。

私は古代のユダヤの文献を調べ、さらに回教徒、キリスト教徒たちの残した記録も検討してみたが、現在に至るまで、シルクロードに関する歴史的記録は、ほぼ完全にユダヤ人の活動を無視している。特に回教徒の資料には、ユダヤ人の痕跡は、完全に抹消されてしまっている。

道の人々《ラダナイツ》

そこで、シルクロードの開拓者と、シルクロードを経由したさまざまの商業活動について調べてみた結果をひきつづいて話してみたい。

シルクロードを通る人たちを、古代のアラブ人やキリスト教徒たちは、「ラダナイツ」(RADANITS)と呼んだ。「ラッド」とは英語のロードと近い発音であり、ラダナイツとは「ロードマン」(道の人々)という意味であると思う。つまり、道の人々とは、旅行者のことであったのだと思う。しかし、この言葉の正確な語源は知られていない。だから、別の推理をすればラッドとは、ラテン語の道という言葉からきているか、あるいはシルクロードの都市ラダンの名前からきているのかも知れない。

現在、シルクロードについて研究している学者たちは、シルクロードにおける活動の末期状況についてだけ調べている。シルクロードの初期の活動については、だれも研究していない。だれがシルクロードを開拓し、その経路を確立したのかについては、だれも述べていないのである。また、なぜシルクロードは開拓されたのか、どのような思想的背景があったのか、についても全く関心が払われていないのである。

しかし、その理由として資料が絶望的に不足しているという事実があることは、前にも述べた。

私自身の調査によれば、シルクロードはスペインから始まっていた。次いでフランスを経て、一路シナ大陸の奥地に至っていたのである。シルクロードの終着点は広東、北京にまで至っていたのである。ひょっとすると、それは朝鮮と日本にまで伸びていたのかもしれない。奈良がシルクロードの終点だという人もいる。

シルクロードの旅行者が実際に直面した困難は、その厖大な空間的広がりにあったのではなく、むしろ大旅行を準備する心理的状態にあったのではないかと思う。山羊を使って、あるいは馬やロバにのって、さらに徒歩でこのような大旅行をなしとげるのには、特別な心理的準備が必要であったのではないだろうか。

このような条件を古代人のメンタリティについて考えてみれば、ユダヤ民族こそそのような大旅行に適した心理をもっていた民族であったことがわかるのである。

シルクロードが横切っている多くの国々では、異なった言葉が話されていたので、そこには多くの言葉の壁が存在していた。十の異なった国々を旅行するためには、十の異なった言葉を話せることが必要であった。そして、また、十の異なった文化と適応する必要があったのである。

もし、真の国際人でなければ、アフガニスタンからビルマへ、チベットへ、シナへ、日本へと旅行することはできなかったであろう。

古代人の心理は、そこで完全に麻痺し、氷結し、人々と交流することができなくなってしまう。特に、物を買い、持ってきた商品を売るという貿易を行なうことは、不可能になってしまっただろう。現代人にとってさえ、遠く外国へ旅行するということは不安なことなのである。

たとえば、日本人はヨーロッパへ団体でよく旅行する。そこでは、国は違えども、お互いに日本語で話し合うので、言葉の壁は感じないですむ。多くの日本人は、フランスを訪れても日本語しか語さないで帰ってくることが多い。このように、言葉の壁一つをとってみても、大旅行を不可能にしてしまうのである。

しかし、ユダヤ人は言葉の壁を感じない。ユダヤ人は、語学の才能にめぐまれているからである。同じ家族の中で、アルメニア語などを自由に話し合うことのできるユダヤ人は、どこに行こうとも言葉に不自由することはなかったのである。

しかし、ユダヤ人以外の人たちは、このようなことは不可能だった。

このようなことからも、シルクロードにおける初期の開拓者は、ユダヤ人だったことがわかる。中国と交易をした商人もユダヤ人だったのである。古代中国に滞在したほとんどの外国人は、ユダヤ人だったのである。

たとえば、八世紀頃、二人の外国人が中国でヘブライ語で話し合っていたと伝えられているのである。また、考古学者たちはチベットやトルキスタンにおいて、七〜八世紀のものであろうと推定できるヘブライ語が書かれた紙片も発見しているのである。

古代社会のユダヤ人たちにとって、文字を書く技術は一般化した知識だった。ユダヤ人はだれでも読み書きすることができたのである。このことについて、中世ロシアの諺は次のように言っている。

「もし、ユダヤ人の赤ん坊を見たら、〝ア〟と言え。それは、ユダヤ人の中で唯一の無学文盲な者なのだから」

当時のユダヤ人は、四〜五歳で文字を書くことを覚えたが、中世紀のロシア人たちは五十歳になっても、文字を書くことができなかったからである。これは、ユダヤ人の中で文字を書くことができなかったのは赤ん坊だけであった、ということを証明しているのである。

ヨーロッパにおいては、十二〜三世紀になってはじめて一般の民衆に文字を書くことを教えはじめたのである。それ以前のヨーロッパにおいては、一般民衆は完全な無学文盲だったのである。キリスト教会は、一般民衆を無教育なままで放置するという方針に極めて満足していたのである。

なぜならば、文字を知ることによって教会に対抗する人物が現われるかもしれないことを恐れたのである。このような状況の中で、果たして文字を書くこともできなかったローマ人が、シルクロードを通って東洋へまで旅行することが可能であったと想像することができるであろうか。

それは、当然、不可能だったのである。

アラブ人とシルクロード

〔中世紀のヨーロッパでは、カトリック僧だけがラテン語を知っていた。キリスト教が宣教活動を始めたのは中世末期のころだと思う。〕

フランシスコ・ザビエルなどは十六世紀の人間である。イエズス会の宣教師、たとえばマテオ・リッチなどは十六世紀に初めて中国を訪れている。これは、シルクロードが通商路として確立されてから、ゆうに千年以上も経過してから後のことなのである。

先にも述べたように、コロンブスやバスコ・ダ・ガマのような大航海者は、常にユダヤ人の乗組員を乗せており、土地の事情を調べたり、通訳として使っていたのである。

オランダ人が九州の出島にやって来ていたとき、常にユダヤ人の通訳者が伴なわれていたという史実を忘れてはいけない。フランシスコ・ザビエルが宣教活動のために日本を訪れたとき、彼が連れていたのはマラノ・ユダヤ人（ユダヤ教改宗者）であった。このマラノが、九州ではじめて病院を建て、商業活動を行なったのである。

このことによっても、ユダヤ人は通訳、貿易商、医師を兼ねていたことがわかるのである。

〔マラノが日本を訪れていたという事実は非常に興味深い。〕

一千年も以上の昔、シルクロードのようなはるかな道を行き来する商人は、一体、だれを信用することができたのであろうか。商人としての投資を安全なものにするためには文字で書かれた契約書が必要である。

中世初期の野蛮なフランス人やイギリス人、またスペイン人、モーア人、シナ人、アフガニスタン人、ペルシア人……たちと貿易するためにどのように取引を成功させることができたのだろうか。

そこには、大きな危険が伴っていたに違いない。五年間も旅を続けて運んできた商品を、このような危険な人たちとの取引に賭けたであろうか。

しかし、ユダヤ人同士ならば、世界中どこへ行っても適用可能なタルムードの律法に決められた掟によって、その行動がしばしばられている。タルムードで定められた契約は、世界中どこに行こうともユダヤ人の間では、確実に守られるものである。たとえビルマでも中国でもローマであっても、その原則には変化はない。このタルムードの教えに沿ってユダヤ人は、相互信頼することができたのである。そのために、ユダヤ人の商業取引には公正が保たれたのである。

どのような商業上の問題が発生しようとも、その土地に住むラビによって裁定を受けることができたのである。

〔タルムードの律法はいつごろ決められたものであろうか。〕

基本的には紀元前六〜七世紀ごろのユダヤの預言者たちによってその大綱は設定された。それがほぼ完成を見たのは、紀元前五世紀ごろのバビロニア地方においてであった。それが現在見られるような形で書かれたのは西暦一〜二世紀ごろのことであった。

このタルムードの律法の体系化されたものがミシュナと呼ばれるものであった。これは、西暦二世紀ごろまでに完成し、紀元三一〇年にイエルサレムにおいて正式に出版されたのである。

〔タルムードの律法が必要とされたこと自体が、ユダヤ人の間において貿易行為が行なわれていたことの証拠になるのではないか。〕

どこへ旅行しようとも、同じ契約書によって取引ができることは、ユダヤ人における大きな利点であった。そのために、危険を感ずることなしに旅行し、商業活動をすることができたのであった。

〔どのユダヤ人旅行者もミシュナの書をたずさえて旅行したのだろうか。〕

もちろんである。ミシュナは小さな本で、ポケットの中にはいり、どこへでも持っていくことができる。

絹の道をたどる隊商路のあらゆる地点には、ユダヤ人集団があった。だから、ユダヤ人は、どの都市へいってもユダヤ生活に触れることができたのである。

ここで私が言いたいことは、多くの歴史家はシルクロードの開拓については、アラブ人の功績を大きく評価しているということである。それはある部分は事実である。

アラブ人たちもまた国際的な貿易商人であり、中国に到達していたことは確実である。しかし、アラブ人たちがシルクロードを舞台に活躍したのは、その終りの時期だったのである。古代アラブ人はベドウィンであり、彼らは盗みをすることを自分たちの生活の信条としていた。彼らは、シルクロードの開拓期においては交易商人ではなかったのである。

中世初期には、ヨーロッパのどの都市にもアラブ人は存在していなかった。アラブ人たちが活動を始めるのは、西暦五百年ないし六百年以降のことなのである。

シルクロードの都市

〔シルクロードは四つの経路に分かれていて、いろいろな古代都市を結ぶ経路は、必ずしも最短距離である直線では結ばれていない。なぜ、古代の隊商はこのような迂回路をたどったのであろうか。〕

一般に、そのことについては、多くの歴史家たちも注目を払っていない。道というものは、単なる偶然によってつくられるものではない。旅行者は、まず第一に安全に旅行するような経路を考えるものである。いかに速く旅行できる道であっても、その道が危険なものでは役に立たない。

だから、道路はふつう山の上を通っていくようなことはせず、また、谷底をはっていくようなこともない。道路は現実的な目的に沿うように通っているのである。

私は、おもしろい事実を発見した。

ヨーロッパからペルシア方面とバビロニア地方に向かうシルクロードの経路は、バビロニア・タルムードが書かれた有名な二つの都市を経由していることである。その都市とは、一つはスーラ（SURA）であり、もう一つはプンパディータ（PUMPADITA）であった。これは紀元二百年から千年にかけて最も栄えたユダヤ人の文化センターであり、最大級のユダヤ教会堂とユダヤ学園をもつ都市だったのである。

この二つの都市は、当時のユダヤ文化の中心地だったのである。

この都市には大きな図書館があり、すべてのユダヤ人はそれを利用することができたのである。


〔この二つの都市でバビロニア・タルムードが書かれ、ユダヤ文化が繁栄していたのだったら、これは恐らくシルクロードを経由した貿易商によって栄えたユダヤの絹商人たちの援助によるものではなかったのだろうか。〕

全くその通りである。

この二つの都市には、非常に富裕なユダヤ商人が住んでいて、今述べたスーラ、およびプンパディータのユダヤ学園の経済的支援を行なっていたという事実がある。

西暦七百年から九百年ごろの間、この都市とバビロニアの都市にある二つのユダヤ学園の間で、学問的論争が行なわれて、その記録が現在でも残っている。

さらにその文書には、シルクロードのもう一つの都市のユダヤ学園が、そこを旅行するユダヤ商人から通行税をとり、学園の収入としたことが書かれている。このことについて、スーラとプンパディータにあったユダヤ学園の教授たちは、その行動に非難を加えたことが記録として残っている。

この事実は、日本においてはどのような文献にも発表されたことのない、日本で最初に発表される歴史的事実である。

そして興味深い事実は、この二つの都市のユダヤ教会堂に住んでいた人格の高い、また学識のあるラビの影響が、非常に遠方にまで及んでいたことである。このラビのうわさを聞いた近隣各地の人々は、人生のさまざまな相談を受けにラビを訪れてきていたことである。これらの人々の中には、アフガニスタンやチベット、中国からはるばるとシルクロードを通ってやってきた人もいた。

〔とすれば、これらユダヤ学園の教授やラビたちは、シルクロードに関しての詳細な知識をもっていたのではなかろうか。〕

遠くから訪れてきた人に対しては、必ずその土地の風土、習慣、政治などを訪ねるものであるし、心理的接触があるものである。

また、異なった宗教や言葉について話され、そこに住む人たちの性質についても話し合われたであろう。

さらに興味深い事実としては、これらの都市から出発したシルクロードを、はるか東方に向かったところにバルク（BALK　現在のアフガニスタン地方）と呼ぶ都市があった。その土地の回教徒たちの資料によれば、紀元前五百年ごろからバルクにはユダヤ人居留区があったことが述べられている。これは、ユダヤ人たちが祖国を追放された直後からそこに住みついていたということを示している。

このバルクには二つの区域があり、一つは「ユダヤの門」と呼ばれ、もう一つの区域は「ユダヤ人の街」と呼ばれていた。これはアラビア語でバブ・アル・ヤフッド（Bab Al Yahud）といい、ヤフッドは〝ユダヤ人〟、アルは〝～の〟、バブは〝門〟という意味である。また、ユダヤ人の街とは、アラビア語でアル・ヤフディヤ（Al Yahudiyya）と言われていた。

さらにシルクロードにはハズナ（HAZNA）と呼ばれる都市があり、これはアフガニスタンから中国に至る途中に位置していた。このハズナには、西暦十一世紀ごろ、四万人に及ぶユダヤ人の集団が居住しており、それは聖書に記載されたユダヤの失われた種族の子孫たちであるとみなされていた。

ハズナ市において九世紀ごろユダヤ人たちは鉛の鉱山を開発し、溶解・精錬する技術をもっていたことも記録に残されている。

そのほか、シルクロードにはヘラツ（HERAT）と呼ばれる都市があり、これは荒涼とした山岳地帯に位置する古代都市であった。この古代都市に残されたペルシア語で書かれた記録には、ユダヤ人がこの土地に来た理由について述べられている。

当時のそこの土地の住民は、二人の指導者をめぐって対立しており、どちら側の指導者についたらよいかという問題が起こっていた。そこで、アミール（AMIR）という人がユダヤ人のところへ相談に来て、だれがその土地の指導者になるべきかの裁定を求めた。当時のユダヤ人は、国際的商人であり、さまざまの知識をもっていたから、アミールはユダヤ人を教師にして学ぼうとしたのである。

この時、ユダヤ人はアミールに対して、喜んでお教えしますが、一つだけ約束してもらいたいことがある、といったので、アミールはそれを約束した。この時言ったユダヤ人の約束は、もしあなたが指導者となった時には、ユダヤ人たちの生活と生命の安全を約束して下さいということだった。

このようにして、ユダヤ人たちはこの土地に住みつくようになったのだと、このペルシアの古代文献は述べているのである。

この記述は、ユダヤ側の資料には見当らない。

ヨーロッパのはじめての象

このほか、シルクロードの中にあるカシミール地方では、この地方にはいることのできたのはヒンズー教徒だけであり、ただ一つの例外として、ユダヤ人旅行者だけはそこの通行が許可されていたという歴史的事実がある。コラサン（KHORASAN）という都市は、中央アジアに位置し、シルクロードの重要な通商拠点であると同時に、ユダヤの絹商人によって支えられた一大ユダヤ文化センターだった。この都市が繁栄したのは、今から千年以上も昔のことであったが、そこにはユダヤの職人、宝石商、商人、学者、およびユダヤ学院とユダヤ教会堂が建設されていた。

この地点において、東方と西方の文明は遭遇したのである。そして、西暦七世紀から九世紀ごろまで、この都市は繁栄した。

また、シルクロードの都市であるツスタ（TUSTAR）というところには、約一万二千人のユダヤ人が居住してジュウタンを製造しており、これは当時のジュウタン製造の中心地であったという記録もある。

また、ペルシア湾ではじめて天然真珠を採取したのは、ユダヤ人たちであり、これらの真珠は、やはりユダヤ貿易商の手によってシルクロードを経て交易されたのである。これは、西暦紀元の初まりのころのことである。

海上の経路を経たシルクロードは、帆船を用いてアラビアから、インドへ、そして中国大陸の広東《かんとん》へと連絡していた。これは、途中スマトラ、マラッカを経由していた。

この海上の経路が利用されたのは西暦七～八世紀ごろのことであり、ユダヤ人の所有する商船を用いて、ユダヤ人の航海技師《ナビゲータ》たちの手によってすべてが行なわれたものであった。乗組員もまた、すべてがユダヤ人だったのである。

バスコ・ダ・ガマが世界一周をしたのは、十四世紀のころの話であったので、これらのユダヤ人の航海は、それより数百年も早く行なわれていたのである。

以上述べたようなシルクロードにおける都市は、商人たちが各地から持って来る情報を集めて、多くの知識を集積しており、当時としてはもっとも文化的な都市であった。これらの都市において、世界各地から来た人たちの心は触れ合うことができたのである。

このような背景の中で、ユダヤ人は初めて象をヨーロッパへ連れてきたのであり、アラビア数字をもたらしたのである。また、セイロン文化はやはりユダヤ人によってペルシア地方へと伝えられたのである。

ユダヤ人は国際的であり、移動可能であり、すぐれたものは何でも吸収するのにやぶさかではなかったのである。

東方世界へ移住したユダヤ人の集団は、以上みられたように各時代に何回にもわたって、数多く行なわれたのである。

西暦四九〇年ごろには、南インドには多数の人口をもつユダヤ人社会が出来上がっていて、ユダヤ人の王も存在していたのである。


〔そのインドにおけるユダヤ人の王についての歴史的記録は何か残っているのか。〕

これは、銅板に書かれた記録が残っていて、西暦四九〇年の日付けが刻まれている。そこには、月や太陽が輝き続ける限り、この地の王は長く存在する。この王はイスラエルの子孫である、と明瞭に記録されている。

これは、古代ソロモン王の海軍が、遠くインドにまで旅行し、その子孫たちが国家を建設したという歴史的事実に基づくものである。この銅板はインドに現存し、その複製は、大英博物館にも保存されている。

〔南インドにおけるこの古代ユダヤ国家は、現在はどのような形で残っているのか。〕

この国家は、八〜十世紀ごろ崩壊し、インドの南端にあるコーチン（COCHIN）と呼ぶ都市に移動した。その都市には、現在でもインド系ユダヤ人が生存している。

七　失われた十種族の謎

古代ユダヤの十二種族のうちの一つ
ガド族の紋章：日本に来たのは
このガド族ではないかと推理される

古代ユダヤの民族は十二種族あったと旧約聖書に述べられている。ところが、そのうちの十種族が突然、歴史上から姿を消した。これは、ユダヤ世界のみならず、西欧世界の大きな謎であった。彼らはどこへ行ってしまったのであろうか。

この失なわれた古代ユダヤの十種族の一つが、日本に定着したという説があるが、それを説明するには、キリスト教とユダヤ教の違い、景教徒についても触れねばならない。

キリスト教とユダヤ教

〔さて、今まで明治維新のころにやって来たマックレオドの話から始まって、日本に見られるユダヤ的要素、それらを伝えた経路ではないかと思われるシルクロードについて話をすすめてきたが、最後に、もし日本人＝ユダヤ人説を仮定するならば、どうしてもユダヤの失なわれた十種族について話し合わなければならない。

これを中心テーマにして、本書のしめくくりとしたいと思うのだが。〕

ここで短く、ヨーロッパとアジアのキリスト教の差異について述べてみることにしよう。現在のキリスト教は完全にヨーロッパ化されたものである。これは北欧の野蛮な文化的伝統を強く残していて、ゲルマン的であり、民間伝承的なものを含み、その意味で本来のキリスト教とはかなり違ったものである。

キリスト教はユダヤ教から出発した。その発祥地はイエルサレムである。だから中近東において発生した宗教である。

したがって、これはユダヤ的な宗教であるということを理解しなければならない。または、それが中近東的な宗教の性質を持つということも理解する必要がある。そこには何らのヨーロッパ的特徴は存在していなかったのである。

キリスト教におけるサンタクロースの話は、雪の中をトナカイに引かれたソリに乗る話が有名だが、これは明らかにイエルサレムの伝承の中には属していない。イエルサレムには雪は降らないからである。だから、本来のキリスト教にはサンタクロースは存在していないのである。これは古いヨーロッパの土俗的な民間伝承に基づくものであり、キリスト教とは完全に無縁なものなのである。

また、クリスマス・ツリーにおいても同様のことがいえる。イスラエルには全くクリスマス・ツリーという習慣はない。これはキリスト教よりも古いヨーロッパの民間伝承に基づくものなのである。これは単にキリスト教徒たちによって取り入れた宗教的行事にすぎない。

そこでキリスト教は次第にローマ的となり、ゲルマン的となり、元来持っていたユダヤ的特徴を失なうに至った。しかしながら、景教（ネストリウス）はヨーロッパ的ではない。景教は中近東の人たちによって信仰されていた。ペルシア人、シリア人、後に至ってアラブ人たちによって信仰された。しかし当然アラブ文化よりは古い起源を持っている。だから、景教徒たちの行動習慣は、その隣人たちのユダヤ人のそれと大変よく似たものであった。彼らがキリスト教となる以前、数百年の間、この人たちはユダヤ的文化の影響の下にあり、その結果彼らは何がユダヤ教であるかということについてよく知っていたのである。

ユダヤ人たちはどのようなことをしているか、また、何を信じているか、など。古代社会においてはユダヤ人だけが最も進歩的で高度な知的能力を誇っていたからである。

数千年間にわたって、ユダヤ民族はその周辺の民族よりはるかに優れた文化を持っていたのである。ユダヤ民族の隣人たちがユダヤ教の持つ美とその特徴とについて初めて気がついたとき、そこには非常に強力なユダヤ的影響が認められることになった。そこには多くのユダヤ的儀式が行なわれ、ユダヤ的な家族関係が営まれ、ユダヤ的な家庭が築かれていたのであった。

また、ユダヤの宗教的観念も彼らに深く取り入れられた。たとえ彼らがユダヤ人でなくとも、これらすべてについての影響を受けたのである。彼らはその隣人であるユダヤ人から多くのものを学んだのであった。

とはいっても、これらの非ユダヤ人たちがユダヤ教徒になるということは非常な困難が伴った。それはただ単にユダヤ文化の心酔者となるにすぎなかった。ユダヤ人を好きになることもできるし、ユダヤを支持することも可能であった。しかし完全にユダヤ的になることは、必ずしも成功を収めるとは限らなかったのである。半分だけユダヤ人になったり、あるいは四分の三だけユダヤ人になることは可能であったろう。九〇パーセントユダヤ化したり、二五パーセントだけユダヤ化することはできたろう。しかし、それ以上進んでユダヤ化しようとすることは、その民族にとってはあまり重要なことではなかったかもしれない。

景教徒の秘密

このような関係から、ユダヤ文化における基本的な観念は、ユダヤ民族の周辺に位置する人たちによっても保たれることになったのである。後世に至り、キリスト教徒が出現したとき、それは拡散されたユダヤ教として理解されたのである。

キリスト教には非常に多くのユダヤ的特徴が取り入れられたが、ユダヤ人でなければ行なえないような多くの困難は除去されていた。たとえば、何を食べてもいいし、子供を割礼させる必要もなかった。子供の割礼は多くの人にとって恐怖を与えたからである。

そこでユダヤ文化に非常に接近していたこれらの人々は、すべてキリスト教に変わっていったのであった。つまり、キリスト教はたやすいユダヤ教であったのである。これが景教徒とはどんなものかという質問に答えるカギとなる。

景教徒のほとんどはユダヤ文化の心酔者であり、ユダヤ人の支持者たちによって構成されていた。景教徒の多くの行動は完全にユダヤ的であった。また、きわめて正統的な立場のユダヤ的行事が行なわれていたのである。それは本来のユダヤ的なものであり、また中近東的キリスト教であったが、完全な意味でのヨーロッパ的キリスト教とは全く異質なものであった。

そこで、ヨーロッパ的キリスト教徒たちは、ユダヤ教徒を迫害したように、景教徒も迫害したのであった。なぜならば、景教徒はユダヤ人のようにものを考えるからであった。

ユダヤ教においては神はあくまでも神であり、人間はあくまでも人間であった。そこで神の母であるマリアなどという考え方は、景教徒においては存在しなかったのである。ユダヤ教は唯一の神である創造主を認めた。しかし、キリスト教の基本概念である三位一体説は完全に拒否されたのである。

いかに説明しようとも、三つのものは一つではあり得ず、一つのものは三つであることができない。だから、景教徒たちもこの三位一体説を否定したとき、すでにユダヤ教的に思考していたのである。

景教の宣教師たちは、ヨーロッパ的キリスト教徒たちと多くの対立点を持つようになった。というのは、元来のキリスト教がますますヨーロッパ的になり、非ユダヤ的になっていったからである。

キリスト教宣教師イエズス会士たちが、十五世紀後半、また十六世紀初頭に中国大陸を訪れたとき、数少ない景教徒と接触することになった。彼らは、もはや何らの勢力も持っていなかった。当時の景教徒はすでに崩壊の過程にあったのである。

このイエズス会宣教師たちは、景教徒たちに自分たちの教会に来るように招いた。しかし、ネストリアン（景教徒）たちは教会には現われなかった。

当時、景教徒のために教会は存在していなかった。景教徒たちが神を礼拝し、宗教的雰囲気を味わいたいと思ったときは、キリスト教会に行く代わりに、ユダヤ教の教会堂（シナゴーグ）に行ったのである。景教徒たちはユダヤ教徒たちに取り囲まれていた方が、キリスト教徒たちといるよりもずっと気安く過ごすことができたからであった。これは非常に重要な事柄だと考えている。景教徒はその信条において、キリスト教よりもはるかにユダヤ教に近いということをこの事実は物語っているからである。

残された景教資料

〔十六世紀ごろ、広東省の開封府には、ユダヤ教会堂が残されていたという歴史的事実がある。この開封府のシナゴーグはこれらのネストリアンたちも訪れていたのであろうか。〕

そのとおりである。それはイエズス会の報告書にも述べられているところである。景教徒たちは偉大な旅行者であった。景教徒が日本を訪れたかどうかはっきりしないが、おそらく京都の太秦を訪れていたのかもしれない。景教徒たちの芸術、舞踊、音楽または交易方法などは、確かに中近東地方の伝統を濃厚に保持していたのである。つまり、それは強いユダヤ的影響によるものと考えることができる。景教徒たちは、自分自身気づかずに多くのユダヤ的思想を伝播していったのであるとも考えられる。

現在全世界には、約五万人ぐらいの景教徒が生存すると考えられるが、第一次世界大戦当時、ロシアとトルコに在住した景教徒の大部分は虐殺されたと報告されている。それは、もはやこの教団にとって再起不能なまでの影響を与えたのである。景教徒の教会の長はイラクへ追放され、後にアメリカに移住した。彼らは東方教会と自分たちで呼んでいるが、その信徒の数はほとんど無視するに等しい。

〔現在の中国に景教徒たちは生存しているのだろうか。〕

おそらくその数はゼロであろう。

中共政府は宗教に対してあまり寛大な政策を取っているとは考えられないからである。

〔景教徒の問題はさておき、シナには中国系ユダヤ人の子孫たちが存在していたことが確実に実証されている。〕

シナにおける中国系ユダヤ人の存在が確実に報告された記録は、アラブ人商人スラ・メーンによって紀元八二五年に書かれたものが存在している。当時シナの主要都市二十には、非常に大規模なユダヤ人集団があり、各地にはユダヤ教の教会が建設されていたと報告されている。

また、シナ側の資料によれば、広東で大地震があり一万二千人の人口が死んだと書かれている。そのとき多くの景教徒、ユダヤ教徒が死んだのである。つまり、こうした災害の記録にユダヤ人の名前が登場するということは、当時の広東には多数のユダヤ人居住者がいたということの証明にもなる。

開封府に残るユダヤ教徒たちの記録よれば、彼らは洪水に遭い、多くの律法の書が失なわれたと書かれている。この開封府におけるシナ系ユダヤ人に関するイエズス会士の報告書は、現在ローマに保存されている。また、この開封府におけるユダヤの資料は、アメリカのシンシナチ市にあるヘブライ・ユニオン大学（Hebrew Union College）に保存されている。しかし、開封におけるシナ系ユダヤ人の資料のほとんどは、現在カナダのオンタリオ州トロント市に保存されている。その理由は、開封府はカナダ系のアングリカン教会派宣教師団によってその伝導区域と定められたので、ここに存在したシナ系ユダヤ人の遺物のすべては、すべて集められてカナダに送られたのである。そのユダヤ教会堂の木材、そこに残された数々のユダヤ教の遺品は、すべて現在トロント市に保存されている。あるものは王立オンタリオ博物館にも保存されている。しかし、現在開封には何らの遺跡も残されていないのである。

日本へ来た景教徒？

ここでもう少し景教徒たちについて検討してみたい。私のもっている日本側の資料によれば、景教徒は西暦八世紀ごろの唐の時代に中国大陸で非常に盛んになった宗

教であったと記されている。〕

それよりはるか以前に、ネストリアンたちは中国大陸に存在していた。〔しかし、西暦八世紀ごろは中国における景教の最盛期であったことは、歴史的事実であろう。景教はまた大秦教とも呼ばれた。そして大秦という言葉はローマという意味でも使われていた。景教徒たちはまた光を信ずる宗教でもあった。景教徒は元来東ローマ帝国の非正統的なキリスト教徒に属していたと考えられる。〕

ネストリウスというのは人の名前である。景教徒たちは自分たちの宗教について決してネストリアンと言ったことはなかった。それはネストリアン以外の異教徒たちがその宗教を呼ぶときに使う言葉であった。彼ら自身は自分たちの宗教を〝東方の教会〟と呼んでいたのである。

〔西暦六〇〇～六四〇年ころ、唐の時代にシナの首都長安でペルシア寺と呼ばれる寺が建立された。そして、玄宗皇帝の時代、西暦七一二年ごろ、この寺は大秦教寺と名前が変更された。

西暦七八一年に景浄と呼ぶ有名な僧が中国を訪れ、一つの巨大な石造彫刻を建てた。それは現存している。〕

中央アジア研究家オーラル・スタインが一九〇二年に発見したのはその石碑のことであると思う。日本の佐伯教授もまたこの石碑について言及している。この石碑の内容と写真は、彼の著書に掲載されている。

〔九世紀半ばごろ武帝と呼ぶ中国の王は、景教を政治的に禁止した。その結果、中国における景教徒は急激に没落の運命をたどったのであった。

日本においては西暦七三六年（天平八年）に、景教徒が日本を訪れ聖武天皇と会い、特別な宮廷の位を授けられたという事実が『続日本紀』に正式に掲載されている。しかしながら、これらの景教徒が古代日本文化にどのような影響を与えたのかの詳細についてはよくわかっていない。

佐伯教授はこの景教徒について研究している。

西暦四二三年にコンスタンチノープルの大司教は、ネストリュース・キリスト教を異端であると審判している。その理由として、イエス・キリストは神の子であり、景教徒はそれを信じていないという点にかかっていた。また、景教徒はマリアは神の母ではないという教義を持っていた。つまりイエス・キリストの中には二つのペルソナが含まれているという教義であった。これはカトリック教会の中心概念である三位一体説と全く対立する考えであったのである。

しかし、研究者たちの指摘によれば、もし古代日本社会に何らかのユダヤ的影響があるとするならば、この景教こそ日本社会に存在する古代ユダヤ文化の影響という謎を解く一つのカギになると考えられたのであった。

ここでラビとしてのあなたに尋ねたいのは、なぜ景教とユダヤ教はそれほど深い関係にあったのかということについてである。」

景教徒の謎については、われわれが知っている事実は、われわれの知らない事実よりもはるかに少ないものである。景教徒は現在存在していない。たとえ生存していたとしても、その数はきわめて限定されたものであり、もはや現代社会で景教徒を言及する人は存在していない。基本的にはこの宗教は地球上から絶滅してしまったのである。

しかし、現在より千～千五百年前の世界では、中央アジアにおいては非常に勢力のある宗教であり、ヨーロッパ地方においてはあまり勢力のない宗教であった。特に中近東と極東地方には強い景教徒の影響があった。彼らは非常に強力な宣教活動を行なっていた。その結果として景教徒の数よりも、彼らの中には非常に強い信念が育ってきたのである。

景教徒のシナにおける活動、および極東地方における活動の全貌は、いまだ調査されたことがない。

ある時期の中国は、ほとんど景教徒によって国家が統一されるというところまでいくほどであった。だから景教徒は、その信徒の数よりもむしろ文化的影響の方が強く考慮されるべきなのである。しかし、その影響は短期間にとどまっていた。景教は非常に短い生存期間しかもたなかったが、その影響は強力なものだったのである。

ユダヤ人追放の意味

〔景教徒がなぜユダヤ的性質をもち、キリスト的な要素が少なかったのか。また、景教徒と失なわれたユダヤの十種族との関係はどうなのか。〕

それについては、次に述べることを理解してほしい。

まず、古代社会における民族間の闘争には、次のような考え方が発達していた。戦場で敵を破ったとしても、しばらくたてばまた相手は戦力を回復してもう一度戦闘状態に入ることになる。そのために時々予期しない危険が発生したり、予期しない場所でゲリラ活動などが引き起こされることがあった。

このような危険を防止するために、古代人たちが考えた方法は、敵地に住む民族をすべて移住させてしまうことであった。敵国民を完全に文化の異なる、風土の異なった地方へ移住させてしまえば、民族としての主体性が完全に喪失され、民族の力が失なわれてしまうことになる。

たとえば、どこかの国が日本を負かしたとき、日本の指導者、知識階級、軍人、教授たちすべてをイタリーに移住させてしまったとする。そして、五十年後にだれかがイタリーを訪れたとき、そこには完全に日本文化が消失してしまったことを認めるだろう。五十年後のイタリーの風土には、もはや日本語もなく、日本文化の痕跡も発見できないはずである。これが古代社会において敵対した民族に与えられる運命であった。

ユダヤの歴史を見ると、紀元前七二二年に民族としての大いなる敗北に襲われた。伝説によれば紀元前八世紀とは、日本では初めての天皇が生まれたことになっているが、これは現在の歴史家によっては否定されている。しかし、当時ユダヤ人はアッシリア人たちによって討ち負かされ、当時十二種族あったユダヤ人たちの大部分である十の種族が強制的に移住させられてしまったのである。これはユダヤ民族としての大部分の人口であった。

民族の人口の大部分を移住せしめたとしても、それが農業に従事している人たちであれば問題はない。しかし、その民族の指導者である貴族階級、職能階級、知識階級、政治家など、革命を起こす可能性を持った人たちを移住せしめることは、その民族の再起にとって非常に大きな問題を与えてしまった。これら有能なユダヤ人たちはアッシリアの奥地へと強制移住させられることになった。こうして、ユダヤ人の名前がアッシリア各地に広まることになった。またユダヤ人の名前が中央アジア地方にも出現することになったのである。

おそらくこれら追放されたユダヤ民族の中には逃亡者もおり、その中の何人かはアッシリア人の圧政の及ばない地点に移動した者もいたであろう。しかし事実は、アッシリアの奥地に追放されたユダヤ民族の百パーセントがそのままの状態でその地にとどまったわけではなかった。その人たちは一体どこに行ってしまったのか。これは現在に至っても謎のままなのである。

紀元前五八六年にバビロニア人たちは再度ユダヤ人たちの土地を訪れ、その土地に残っていたたった二つのユダヤの種族ユダ族とベンジャミン族をまたもや追放したのであった。これらユダヤの二種族も、またアッシリア地方へ強制移住させられたのであった。

バビロニア人によって強制追放された七十年後、ペルシア帝国によってこの追放を受けたユダヤ人たちの帰国が認められた。その命令によって四万二千人のユダヤ人たちがイスラエルに帰国し、第二神殿を建設したのであった。古代ユダヤの記録によれば、このとき帰国したユダヤ人は二種族のみであり、残りのユダヤの十の種族は再び歴史の中に登場することはなかったのである。この歴史的事実が失なわれたユダヤ人の謎についてのロマンチックな好奇心を引き起こすことになった。これらの人たちは一体どこへ行ってしまったのだろうか。これが〝失なわれた十種族の謎〟である。

彼らは今どこで何をしているのだろうか。現在存在し続けているのだろうか。また、世界の果てのどこかを移住し続けているのであろうか。これについての謎は尽きない。

多くの学者たちもこの謎について研究したし、一般の人たちも多くの興味を寄せたのであった。しかし現在においても、ユダヤ人であれば〝十の失なわれた種族〟という言葉はだれでも知っていることなのである。そして心の深いところで彼らはいつの日か再び発見されるだろうということを感じ続けているのである。

この失なわれた十のユダヤ種族については、まだ完全な物語が述べられたことはなかった。旧約聖書ではこの失なわれた十の種族については、はっきりと記述されている。だが、旧約聖書は、この失なわれた十の種族がユダヤ人たちの地に戻ったということは一行も述べていないのである。

タルムードが書かれた時代になってから、これらの失なわれたユダヤ種族たちは、主として三つの方向へ強制移住させられたのであろうと考えられるようになった。一つの方向は古代シナであり、中央アジアをはるばると越えてアジアの深部に到達したユダヤ人たちは、もはや帰国することはないだろうと信じられていた。

そこでユダヤ人たちは、もはや他のユダヤ人たちとの接触が完全に失なわれたので、周囲に住む人たちと同化し、ユダヤ人としての主体性を保つ努力が失われ、幾分かのユダヤ的特徴を残しながらも、大部分はその周囲の風俗習慣に溶け込んでいってしまったのであろうと思われた。

しかしながら、タルムードにおいて書かれたように、失なわれたユダヤ人の種族は、東の方向へ三つに分かれて移住していったであろうということは、数多く引用されたところである。その三つの方向のうちの一つが、今述べた中国であると考えられる。

失なわれたユダヤ十種族の謎

時代が下がってから、時々いろいろな人がさまざまな説を述べた。たとえば、ある人は失なわれたユダヤの種族は、アラビアの砂漠地方へ消えていったと信じていた。または、主としてアフリカ地方にユダヤ的特徴が残っているということを指摘する人もいるし、エチオピアの王国へ移住したとも伝えられてもいる。

現在でもエチオピアの黒人たちは、自分たちの先祖はこのユダヤの失なわれた十種族の子孫であると信じている。アフガニスタンの貴族階級の人たちは、現在でも自分たちの血統はユダヤの失なわれた十種族からの直系の子孫であると深く信じている。だが、これらの人は現在ユダヤ教を信じておらず回教である。

この失なわれたユダヤの十種族に関してさまざまの偽りの歴史が書かれたことも事実である。たとえば、モルモン教会は自分たちの宣伝の目的でさまざまな偽りの歴史を書いた。その中で、アメリカ・インディアンはユダヤの失なわれた十種族の子孫たちであると述べている。しかしアメリカ・インディアンは蒙古系に属しているので、アジア系ユダヤ人たちが北方を通って古代アメリカに移住したという可能性は、完全に否定することはできない。また、アメリカ・インディアンのある種族では、古代ユダヤのシンボルを使用していたと伝えられているものもあるが、実際にそれを発見した報告は見られない。

イギリス人たちもまたこのような伝説を持っており、イギリス人の祖先は古代イスラエルから追放された人たちであり、現在のイギリス人はその直系の子孫であると信じている。現在スコットランドで王位継承をするときに使う石造の椅子は、はるばるとイエルサレムの地から運ばれたものであると伝承されているものである。

この説を立てた人物は、十八世紀のリチャード・ブラザースという人物であり、彼は海軍士官であったが、後に精神異常者として収容されたので、この説はあまり信憑性がないといえる。しかし、この対談が行なわれる約二週間前、つまり一九七五年一月に、アルゼンチンの考古学者が非常に興味深い調査報告を発表している。

ユダヤの象徴・メノラ

アルゼンチンの北部に、完全に近代文明から孤立してしまった地方がある。それはインディアンの居住区域であって、そこで彫刻された石が発見された。その石の表面にはほぼ完全な形の七つの腕を持つ燭台（メノラ）の形が彫刻されていたのであった。さらに、その表面には一つの古代ヘブライ文字も彫り込まれていたのである。この七つの腕を持つ燭台は、ユダヤ人以外に絶対使用しないものなのである。

古代ユダヤのメノラと全く同じに彫刻された石が、アルゼンチンにおいて発見されたということは全く予期されないことであった。三千年の昔に、古代ユダヤ人たちが地中海から大西洋を越えてアルゼンチンにまで到達したということを考えない限り、このメノラの彫刻された石のなぞを解くことはできないのである。

アメリカのワシントンにあるスミソニアン博物館には、長い間古代インディアンの作った石の彫刻だと信じられてきたものが保管されていた。これはケンタッキー州において発掘されたものであったが、北米インディアンには書き文字がなかったという定説を覆して、この石の表面にはだれも読めない文字が刻まれていたのである。

ある日、このスミソニアン博物館にブランダイズ大学の一人の教授が訪れ、この石の彫刻を見た。この石の彫刻は現在をさかのぼること二千二百年前ごろに製作されたものと信じられており、その石には深い興味と謎がつきまとっていたのである。この大学教授がその石を逆さまにして見たとき、それは疑いようもなく古代へブライ文字の彫刻であるということがわかった。このようなことから、古代ユダヤ人たちは、海上も利用した大航海者であったという事実もまた推定できるのである。

ユダヤ―景教―日本

これらの事実を考えると、たとえばアッシリアの奥地に強制移住させられても、これらのユダヤ人たちが徒歩旅行によってシルクロードを開拓して中国にまで到達したということは確実な歴史的事実なのである。

古代社会で最も有名なユダヤ人歴史家であるジョゼフスは、約二千年前に、ローマ時代に生存していた人物である。その手記の中で彼は非常に明瞭に、ユダヤの失なわれた十種族は東方の非常に遠くの地、つまりユーフラテス川のかなたに住んでいたと書いている。これはチベット、アフガニスタン、中国のすべてを含む地方であるという意味である。

この歴史家ジョゼフスの記録にもあるように、失なわれたユダヤの十種族の謎は、多くの人たちにとっての強い興味を引きつける歴史的な謎の一つと数えられるようになったのである。これは世界歴史の中でも最もロマンチックで、かつ荒唐無稽であるとも考えられた不思議な謎の一つなのである。

ユダヤ人たちが、古代に失なわれた兄弟たちを求めているということは、一つの歴史的ロマンとして多くの学者たち、そして一般の人たちの興味をしっかりととらえたのであった。

そこでユダヤ人たちは、現在でも遠隔地に旅行したときに、そこに住む民族がもし古代ユダヤの風俗に類似したものを持っていることを発見したならば、すぐにこの失なわれた十種族の末裔ではないのかと考えるのである。

旧約聖書には、ヨゼフがその兄弟を求めているという話が載せられている。ヤコブは十二人の子供がいた。これはユダヤの十二種族を示している。ヨゼフはその十一番目の子供であった。ヨゼフは自分の兄弟を訪ね歩き、その人たちに会ったとき「おまえたちは一体何をしているのか」と尋ねるのが普通であった。

この旧約聖書にある兄弟を求めているという表現は、ユダヤ民族にとって非常に一般化した考え方となったのである。歴史的に見ても、ユダヤ人は非常に孤独な生活をしいられたので、各地に旅行するユダヤ人たちは、世界各地で失なわれたユダヤの兄弟たちを発見することに深い情熱をささげたのである。

中世紀のユダヤ商人たちは、各地へ旅行したときに必ずその地から報告書を書いた。そしてその中で、常に何らかのユダヤ的痕跡がその地に発見できるかどうかについて書き残してきたのである。

ここで考えたいのは、中国社会で栄えたことのある景教徒（ネストリアン）たちは、これまで検討してきたようにその多くがユダヤ的特徴を持っており、ユダヤ教の教義を信じていたと考えられる歴史的根拠があるという事実である。

景教と呼ばれたキリスト教は、実際上はユダヤ系キリスト教と考えてもいい。つまりこれはセム族によるキリスト教であった。この景教徒たちの行動は非常にユダヤ的であり、ユダヤの文化的思想を中央アジアの深くにまで伝播する功績を果たしたのである。そしてこの景教徒の影響は、中国社会と古代日本社会にも非常に大きな影響を与えたことは事実なのである。

〔景教徒は強くユダヤ的文化に影響されていたと考えるべきなのか、それとも景教徒自身ユダヤ教徒たちであったと考えたらいいのか。〕

すべての景教徒がユダヤ人であったと考えられる。景教徒たちはヨーロッパから来たのでなく、中央アジアからシナへ来た人たちであった。なぜなら本章の冒頭で述べたように、たとえば、中近東においてはクリスマス・ツリーという習慣は知られていない。これは北部ヨーロッパにおける土俗的な習慣の名残りである。またサンタクロースも知られていない。なぜかといえば、中近東地方には雪が降らないからである。これもまた北方ヨーロッパ人たちの伝説によるものである。

つまり、現在知られているキリスト教というのは、非常にヨーロッパ的なものの伝統によって変形したヨーロッパ的キリスト教なのである。しかし、これに反して景教徒たちは、常に中近東地方に生活した人たちであった。景教徒たちの住んだ所は、ユダヤ人が追放された地域と全く同じ所であった。彼らは古代からユダヤ人によって文化的影響を受けていた。

考えてみると、キリスト教それ自体もユダヤ教の一部と考えることもできるのである。そこで景教徒たちは、そのキリスト教的習慣の中に、古代ユダヤ教の伝統を非常に多く残しているのであった。彼らの宗教的伝統は、そのままの形でシルクロードを通り古代中国へ伝播されたのである。

そして、この景教徒の一部が日本へやって来た。これが、シルクロードを舞台にした、古代ユダヤ人のある仮定の上での物語なのである。

〔日本の古代史の謎のなかにユダヤ文化が存在したかもしれない……と考えることが、必ずしも事実無根ではないということがあなたの説明からよくわかった。今後の古代史家たちのこの方面に関する研究を大いに期待したいと思う。〕

訳者あとがき

この本の校正刷りが出来あがり、そろそろ校了という頃に、突然ラビ・トケィヤー師から電話がかかってきた。

「新しい資料を発見した。とても興味深い内容だからぜひ今度の本に入れることにしよう」

彼の息せき切って早口にまくしたてている声が電話ごしによく聞きとることができた。そこですぐに私は原宿にある私のオフィスでトケィヤー師と会うことにした。

彼は百ページぐらいの薄いヘブライ語の本をこわきにかかえて飛ぶようにやってきた。

その本はアブラハム・ゾンシャイン（Abraham Sonnschein）というユダヤ人によって書かれ、一九六四年、イスラエルのテルアビブにおいて出版されたものである。本のタイトルは『失なわれた十の種族』となっている。

早速、私たちはこの本を読んでみた。ラビ・トケィヤー師がヘブライ語から英語に訳し、それを私が日本語になおすというめんどうな方法で、私たちは日本語のメモを作りあげた。

この本には、シルクロードとユダヤ人とのほかに、日本人について、大変興味深いエピソードがたくさんのっていた。

私たちは、この資料をなぜもっとはやく入手できなかったのかと残念がったが、幸いまだ校正の段階だったので、そのうちのいくつかをあとがきの中に収めることにした。

以下は、この本の興味ある内容をかいつまんでまとめたものである。


「印度のボンベイ市にユダヤ人のラビ・モーゼス・ヤフェという人が住んでいた。彼はある時、印度を旅行している日本の仏教僧侶に出逢って話を聞いたことがあった。その日本人僧は、日本人の祖先はユダヤ人と関係があると断言した。その理由として、発掘された大理石彫刻（それは二三〇〇年以上も昔のものと推定されたそうだが）の表面に人物像が描かれており、その顔はまさしくユダヤ民族（セミティック族）に特有な特徴が認められたこと。さらにその人物のつけていた衣服は古代ユダヤの様式であって、衣服にはフサがつけられていた。また、この日本人僧は日本の古い祭祀にはユダヤ教の名ごりが認められると、語ったそうである。」

そのほかつぎのような話ものせられている。

「イエルサレムの有名なラビ・メナヘム・モーリバは、旧満州国のハルピンに居住していたユダヤ教のラビ・キシレフから次のような極めて不思議な、そして極めて信憑性の高い話を聞いたことがあった。

それは日本軍部が満州地方（現在の中国の東北地方）を占領した直後の頃であった。ある日、ハルピンにあったユダヤ教の教会堂（シナゴーグ）に立派な服装をした三人の日本人がやってきた。そして、その中の一人が言うには、これからの私の個人的な話は極めて高度な秘密によって守らなければならないから、ラビ・キシレフと二人だけで話しあいたいということであった。そこで二人の日本人は帰り、あとにはラビとこの日本人の二人だけが残った。まず、その日本人はこれからの話はあなたが生きている間には絶対に他人に話さないという約束を守ってくれ――と言うことであったので、ラビ・キシレフはその約束を守ることを誓った。

これからの話はこのラビ・キシレフが死ぬ直前に、その臨終の床で当時、最も高名であったラビ・メナヘム・モーリバに告白した内容にもとづくものなのである。

こうした約束を交わしたあとでその日本人は自分自身の身分を明かした。彼は日本の皇族の一人であった。

彼が子供の頃、宮城に時々訪れてくる外国人商人がいたそうである。この外国人は高い教育を受け、いろいろな知識をもっていたので、このユダヤ商人と彼はいろいろな問題について話しあうようになった。

二人が非常に親しくなったあとで、この日本の皇族は、子供のころから皇族の間でうわさされている天皇家の祖先はユダヤ人であるかもしれないといううわさを話した。

このようなことから、この皇族は、ユダヤ人の歴史とその宗教について深く勉強しようと思ったのだそうである。そして、彼はついに個人的にはユダヤ人として生活し、公的には日本の皇族としてふるまおうと考えるようになった。この皇族が結婚するようになった時、彼は自分の妻にもユダヤ文化の教育をしようと思ったが、その際当時の日本には、ユダヤ教のラビが一人もいなかったので、満州のハルピンにあったユダヤ人の教会堂にまではるばるやってきたというのであった。

そこで、ラビ・キシレフは、皇族の妻の教育のために彼自身の一人娘を日本に派遣した、というのである。」

そのほか、次のような話も書かれている。

「南アフリカ連邦にM・スピールマン博士という学者が住んでいた。彼は日本人の起源がユダヤ人であるという説を深く信じていた。彼は死にのぞんで、彼の遺産のすべて五十万ポンドをこの日本人＝ユダヤ人起源説についての研究資金としてイスラエル国家に寄贈した。この資金は現在でも、日本人学者がイスラエルに旅行する時の旅行費用などに使用されているという。

スピールマン博士自身は、川守田などの日本人研究者と接触し、自分でも研究していたようであるが、彼の死によってこの研究が中断されたのは残念なことである。」

このような内容のヘブライ語を日本語に直しながら、ラビ・トケィヤー師は二十数年前に書かれたスピールマン博士の自筆の手紙をもっていると話してくれた。

さて、最後に本書の成立の過程について書いておくのは訳者としての義務であろう。日本における唯一のユダヤ教のラビ（導師）であるM・トケィヤー師と私は、ここ数年来の友人だが、彼との対話の内容がたいへん興味深いので、それを本にしてみようということになった。

さきに産業能率大学出版部から出版した『ユダヤ　知恵の宝石箱』もこの本と同様、私とラビ・トケィヤー師との対談（英語）を翻訳したものであった。

ラビ・トケィヤー師は非常にユーモアに豊んだ人物である。彼がまだ大学生の頃、アルバイトとしてやったのはコメディアンとして二流劇場の舞台で人々を笑わせることであった――という話も、なるほどと納得させられるのである。

現在の日本にはさまざまの偽ユダヤ人の著書が横行している現状だが、そのうちでもとくにイザヤ・ベンダサンという著者のものは、完全にユダヤ人の筆になるものではないとラビ・トケィヤー師は断言している。この点については、本書の姉妹編である『ユダヤ　知恵の宝石箱』に詳しく書かれているのでぜひご一読をおすすめしたい。

この本が現在見るような形で出版されるためには産業能率大学出版部の根本好男氏の並々

ならぬ御協力のあったことを紙面を借りて一筆御礼申しあげたいところである。

昭和五十年初夏

訳者しるす

《著者紹介》
マーヴィン・トケィヤー（Marvin Tokayer）
1936年ニューヨーク市生まれ。イエシバ大学卒業。
1968年，日本ユダヤ教教団のラビとなる。
著書『ユダヤ5000年の知恵』『ユダヤ発想の驚異』『ユダヤ・ジョーク集』『ユダヤ格言集』『ユダヤ知恵の宝石箱』

《訳者紹介》
箱崎　総一（はこざき・そういち）
1928年神島市生まれ。1952年岩手医専卒業後，新潟大学医学部にて精神医学専攻。医学博士。日本エッセイストクラブ会員。多摩美術大学教授。
著書『脳の神話』『ユダヤ式思考法』『ユダヤ人の思想』『頭脳のメカニズム（訳）』等多数。
1988年没。

新装版 ユダヤと日本　謎の古代史　〈検印廃止〉

著　者　マーヴィン・トケィヤー
訳　者　箱崎　総一
発行者　田中　秀章
発行所　産業能率大学出版部
東京都世田谷区等々力6-39-15　〒158-8630
電話　03（6266）2400
FAX　03（3211）1400
URL　http://www.sannopub.co.jp/
振替口座　00100-2-112912

1975年6月25日　初版　1刷発行
2009年7月10日　51刷発行
2013年9月14日　新装版　1刷発行

印刷所・製本所／日経印刷
（落丁・乱丁本はお取り替えいたします）　ISBN978-4-382-05695-4